走向 幸福共享

——江苏民生幸福建设研究

邱志强 著

南京大学出版社

图书在版编目(CIP)数据

走向幸福共享:江苏民生幸福建设研究 / 邱志强著.
—南京:南京大学出版社,2015.12(2024.9重印)
ISBN 978-7-305-16262-6

Ⅰ.①走… Ⅱ.①邱… Ⅲ.①社会保障-研究-江苏
省 Ⅳ.①D632.1

中国版本图书馆 CIP 数据核字(2015)第 295374 号

出版发行 南京大学出版社
社　　址 南京市汉口路 22 号　　　　邮　编 210093

ZOUXIANG XINGFU GONGXIANG——JIANGSU MINSHENG XINGFU JIANSHE YANJIU
书　　名 **走向幸福共享——江苏民生幸福建设研究**
著　　者 邱志强
责任编辑 王其平　　　　　　　　编辑热线 025-83596923

照　　排 南京紫藤制版印务中心
印　　刷 江苏凤凰数码印务有限公司
开　　本 787×960 1/16 印张 15 字数 175 千
版　　次 2015 年 12 月第 1 版 2024 年 9 月第 2 次印刷
ISBN 978-7-305-16262-6
定　　价 36.00 元

网址:http://www.njupco.com
官方微博:http://weibo.com/njupco
官方微信号:njupress
销售咨询热线:(025)83594756

序

　　我们这个国家,现在正处于现代化建设的关键阶段。何谓关键?意即如人之爬坡过坎,迈过了这道坎,将跃上一个新的平台,迎来的可能是一马平川;否则,不进则退,前功尽弃,甚至会面临灾难。这个阶段的历史任务异常艰巨,发展民生事业就是重要的历史任务之一。民生建设千头万绪,说到底是为了让人民过上幸福生活。这项工作不做好,现代化的大厦将会根基不稳,就会失去民心。可以说,民生建设是当前我国现代化建设中的题中应有之义,是一个国家的基本建设工程,是得民心工程。要做好这项工作非常不容易,所以,民生建设既需要实践,更需要在实践的过程中进行理论思考,特别是很多事情需要进行顶层设计,而理论思考是顶层设计的前提。没有先进的理念,没有理论上的清晰,顶层的制度设计就不可能具有实践效果,设计出来的制度不可能在历史的长过程中具有里程碑意义。

　　本书作者坚持理论联系实际的治学理路,以民生幸福建设为主题,从经济基础、制度保障、发展环境三个维度展开阐述,向我们展示了他对民生幸福建设的理论思考。经济基础、制度保障、发展环境三者可以说抓住了民生建设的要义，从这三个方面去认识、去把握，民生建设就有了抓手和立足点，可见作者对民生建设思考的深邃。著作既有实证素材，具有强烈的现实感，又有理论分析，体现了作者深厚的实践功底和较高的理论素养。

江苏省是我国现代化建设走在前列的省份，无疑，民生建设也具有独到的进展，系统研究江苏民生建设的实践显然到时候了。作者选择江苏作为民生建设研究探索的样本，可谓得天独厚。作者曾在扬州郊区基层乡镇及机关部门、泰州市委办公室、南京栖霞区政府、省级机关部门从事过群团、社会、科技、经济等领域工作，既在最基层一线干过，又为中央及省市相关决策服务过，具备较为丰富的实践阅历和开阔的理论视野。特别是在省政府办公厅工作期间，以参与草拟江苏省民生幸福工程等政策文件为起点，持续地关注实践进展，系统地进行理论探索。本书就是他长期思考民生幸福的理论成果，凝聚了他多年的智慧。

读了书稿，给我强烈感受的是，字里行间渗透着作者心系民生的责任情怀，独立思考的理论勇气。作者把江苏民生幸福建设放在全国乃至世界背景下进行观察，关注和探讨其中的现实问题，深入实际展开调查研究，探索规律提出对策意见，有助于提升江苏民生幸福建设的制度化、系统化和科学化水平，有助于进一步探索和解决中国未来民生建设中可能遇到的矛盾和问题，对于全面建成小康社会具有重要的借鉴意义。尤其是以改革的思维、治理的视角，探讨政府、市场、社会、公民在民生幸福建设中的角色和功能,对国家治理体系和治理能力现代化建设具有重要的参考价值。

 作为一名实践工作者,开展系统的理论研究难能可贵,如果没有勤奋刻苦的精神、科学务实的态度、坚持不懈的毅力,根本出不了成果。期待作者继续进行艰苦的努力和崭新的创造,为当代中国经济、社会发展作出更多的贡献。

邹农俭

2015 年 10 月 26 日

于南京师范大学

目　录

第一章
全面小康和民生幸福：理论渊源与建设实践

民生幸福既是发展蓝图，也是人类憧憬。"中国梦"是全体人民的梦，其本质内容和根本属性就是国家富强、民族振兴、人民幸福。全面建成小康社会的根本落脚点在于更好地保障和改善民生，实现人民幸福。党的十八大以来，中国已经进入全面建成小康社会的决定性阶段，关于民生幸福的思考必须放在这个时代背景下来考量探索，这是历史赋予我们的重大理论和实践课题。习近平总书记在 2014 年底视察江苏时提出"建设经济强、百姓富、环境美、社会文明程度高的新江苏"，强调推动经济发展、现代农业建设、文化建设、民生建设、全面从严治党五个方面迈上新台阶，为新江苏建设描绘了幸福美好的前景。推动民生建设迈上新台阶、建设幸福新江苏有赖于深入研究全面小康和民生幸福的最新理论和实践成果，使人们在逐步认识民生幸福本质的基础上不断获取和实现着幸福。

第一节　小康思想演进与发展

小康，是几千年来中国人民孜孜以求的社会理想，是人民不断奋斗的目标。在探讨人类社会发展理念以及新中国发展思想演进的基础上，结合中国现代化的历史进程，梳理"小康社会"的一系列丰富内容,有助于了解民生幸福建设的社会背景。

一、人类社会发展理念的演进

伴随着人类社会的发展历程,发展的理念(或者说发展思路)都是一定时期经济社会客观存在和需要在思想观念层面的反映。亚当·斯密曾经说过,经济学的目的是使人们过上体面的生活。微观经济学家马歇尔也说明了经济学家研究幸福问题的道理,即生活幸福需要一定的经济条件作为基础。20 世纪 30 年代经济学"效用"理论的发展,引发了福利经济学的系列创新。经济学家们从边沁的"最大幸福"原则出发,坚持认为经济学能够为准确计算、分析人的快乐与痛苦提供最为准确的数据支撑。另外,从心理感受的角度出发,庇古认为福利就是对享受或满足的心理反应。经济学家杜森贝提出相对收入的观点时认为,消费的决定因素是和朋友、邻居进行比较的相对收入,而不是绝对收入。毫无疑问,经济发展深刻地影响着人的生活,同时也有力地推动着社会发展。反过来,社会发展也会进一步作用于经济的发展。简而言之,发展理念、发展观是一个国家或地区在发展进程中对如何发展、怎样发展的系统思考和综合考量,它会随着经济社会的发展和需要而不断更新和完善。纵观人类社会发展历程,人类社会发展理念大致经历了三个阶段,迄今仍处于不断发展变化之中①:

(一)经济增长至上论

自人类社会产生以来,一直到上世纪 70 年代,经历多次社会大分工和产业革命的变迁,这一段历史时期,追求物质发展、

---

① 人类社会发展观的三个阶段论述,参见中共四川省委党校主办的《理论与改革》1997 年第 12 期,中国人民大学书报资料中心复印报刊资料《哲学原理 B1》1998 年第 2 期全文转载。

经济增长的发展方式始终占据着人类社会的发展路径。从这个角度出发，可以认为物质或者说经济是这一历史时期巨变的根本动力。虽然进入 20 世纪下半叶以来（特别是西方发达国家）对传统发展道路进行了反思和重新设计，在发展经济的同时更加注重环境保护和生态发展，但总体上看，反思后的发展模式仍是在经济增长至上框架之下的局部补充和修正。增长是发展的基础，没有经济的增长，没有物质财富的积累，就谈不上发展。但有人由此出发，片面理解增长与发展的关系，把经济增长等同于经济发展，形成经济增长至上论，主要表现在：首先，片面追求经济增长。其次，轻视全面协调发展。第三，忽视可持续发展。工业革命以来，对于自然的过度改造，破坏了人类赖以生存的环境，导致环境的急剧恶化。这些逐渐使人类认识到片面追求经济发展、经济增长的恶果，人们对传统发展观进行了深刻反思：第一，增长不等于发展；第二，经济发展不等于社会进步；第三，发展不能以牺牲生态环境为代价；第四，发展应是以人为中心的综合发展观。①

（二）经济社会协调发展论

上世纪 70 年代以来，正是由于人类对传统发展道路的反思，人们逐渐认识到了以经济增长为唯一目标的局限，认识到经济增长并不会必然带来社会的进步，经济（收入）增长并不必然带来幸福感的提升。其中，闻名于世的"伊斯特林悖论"很好地展现了这一发展观的变迁。所谓"伊斯特林悖论"，即 20 世纪 70 年代，美国南加州大学经济学教授理查德·伊斯特林在其著作《经济增长可以在多大程度上提高人们的快乐》中提出，通常情况下，一个国家内高收入者报告的平均幸福和快乐水平

---

① 张志坚：《科学发展观与全面建设小康社会初论》，硕士学位论文，西南财经大学，2005 年。

高于低收入者,但跨国比较研究的结论却表明低收入国家的幸福水平与高收入国家几乎一样,其中美国第一,而古巴接近美国,居第二。由此,人们逐渐摒弃唯经济增长、唯GDP的发展方式,更加注重社会领域的同步发展,更加注重文化、教育、医疗卫生等方面的发展目标,尝试结合经济发展和社会发展,努力实现经济与社会相协调。

(三)人与自然和谐共处论

经济和社会发展程度越来越高,人类对自然的索取也越来越多,结果是人类不断遭受到来自自然的报复,各类自然灾害或发展带来的负面影响接踵而至。生态环境的恶化,使人类逐渐认识到了经济、社会、生态协同发展的必要性,也提升了我们的发展理念。1987年,世界环境与发展委员会在《我们共同的未来》报告中第一次阐述了可持续发展的概念。可持续发展是指"满足现代人的需求以不损害后代人满足需求的能力。换句话说,就是指经济、社会、资源和环境保护协调发展,它们是一个密不可分的系统,既要达到发展经济的目的,又要保护好人类赖以生存的大气、淡水、海洋、土地和森林等自然资源和环境,使子孙后代能够永续发展和安居乐业"[①]。2003年,我国提出的"科学发展观",也全面展现了中国共产党坚持可持续发展、人与自然和谐共处的理念。2015年,我国提出绿色是永续发展的必要条件和人民对美好生活追求的重要体现,要形成人与自然和谐发展新格局,推进美丽中国建设,为全球生态安全作出新贡献。

二、新中国我国社会发展思想的演变

发展观是对发展道路的本质、目的、内涵和要求的总体看

---

① 1987年世界环境与发展委员会《我们共同的未来》报告。

法和根本观点。不同社会制度和发展道路决定着不同的发展
观,发展观体现了不同社会制度和发展道路的价值取向。新中
国成立以来,随着经济社会的发展,我国的社会发展观在社会
主义现代化建设中逐步调整、完善,具体来看其演变路径如下:

新中国成立初期,以毛泽东为核心的党的第一代领导集体
提出探索社会主义建设规律的问题,并取得了一系列重要成
果。截至 1956 年,在全国建立新民主主义社会制度,开展大规
模的经济建设和社会主义改造,实现了向社会主义过渡,我国
进入了社会主义初级阶段。这期间在巩固和发展社会主义的
问题上出现失误判断,一是忽视发展社会生产力,以阶级斗争
为纲;二是"左"倾错误严重,经济建设出现反复和曲折,导致我
国社会发展走了弯路,付出了沉重的代价。

党的十一届三中全会以后,以邓小平为核心的党的第二代
领导集体,围绕什么是社会主义、怎样建设社会主义,第一次比
较系统地初步回答了中国这样的经济文化比较落后的国家如
何建设社会主义、如何巩固和发展社会主义的一系列基本问
题,开辟了中国特色社会主义的发展道路,开创了以经济建设
为中心和以改革开放为标志的历史新时期。

以江泽民为核心的党的第三代领导集体,把发展作为党执
政兴国的第一要务,大力发展社会主义市场经济,进一步丰富
和发展了中国特色社会主义的理论和实践,推动着我国经济社
会持续快速发展,不断开创现代化建设的新局面。

以人为本、全面协调可持续的科学发展观,是胡锦涛在坚
持毛泽东、邓小平、江泽民关于社会主义发展问题的一系列重
要思想,总结历史经验和新的实践的基础上,对什么是社会主
义、怎样建设社会主义作出的进一步的回答。科学发展观,第
一要务是发展,核心是以人为本,基本要求是全面协调可持续

发展,根本方法是统筹兼顾。具体内容包括:以人为本的发展观、全面发展观、协调发展观和可持续发展观。

2015年9月,习近平在联合国总部出席联合国发展峰会并发表题为《谋共同永续发展做合作共赢伙伴》的讲话,他指出:"环顾世界,和平与发展仍然是当今时代两大主题。"习近平在讲话中提出了一系列科学发展理念,阐述了和平发展、合作发展、共同发展、永续发展、绿色发展的新的发展理念,包含"公平、开放、全面、创新"四个关键词的"新发展观",既体现了中国责任,也蕴含着中国智慧,为世界发展注入新思想。2015年10月,党的十八届五中全会通过的《中共中央关于制定国民经济和社会发展第十三个五年规划的建议》,以创新发展、协调发展、绿色发展、开放发展、共享发展的新理念,描绘了中国发展的新境界。

三、小康社会的演进

在中国的传统文化中,小康社会是思想家长久追求的社会理想,表现了普通百姓对宽裕、殷实的理想生活的向往。早在西周时候,小康一词即已出现。《诗经》上的《大雅·民劳》中就有"民亦劳止,汔可小康"的表述。在此,小康是生活比较安定的意思。儒家把比理想中"天下为公"的"大同"社会较低级的发展阶段和社会形态称为小康。《礼记·礼运》上说:"今大道既隐,天下为家。各亲其亲,各子其子,货力为己。大人世及以为礼,城郭沟池以为固。礼义以为纪,以正君臣,以笃父子,以睦兄弟,以和夫妇,以设制度,以立田里……是谓小康。"①改革开放后,"小康社会"成为中国特色社会主义建设阶段性目标的

---

① 《礼记·礼运》。

特有描述。

（一）小康社会的提出

1979 年,邓小平第一次提到并引入"小康"这个概念。1979年 12 月 6 日,邓小平在会见来访的日本首相大平正芳时提出,中国现代化所要达到的是小康状态。他曾经说:"前不久一位外宾同我会谈,他问,你们那个四个现代化究竟意味着什么?我跟他讲,到本世纪末,争取国民生产总值每人平均达到一千美元,算个小康水平。"①之后,中国共产党对小康社会的认识进一步深化。

（二）总体小康的实现

1987 年 10 月,党的十三大正式将实现小康列为"三步走"发展战略的第二步目标。1990 年 12 月党的十三届七中全会对小康的内涵作了详细的描述:"所谓小康水平,是指在温饱的基础上,生活质量进一步提高,达到丰衣足食。"②1997 年,江泽民在党的十五大报告中指出:"展望下个世纪,我们的目标,第一个十年实现国民生产总值比 2000 年翻一番,使人民的小康生活更加宽裕,形成比较完善的社会主义市场经济体制。"

（三）从总体小康到全面小康

2000 年,党的十五届五中全会首次提出我国进入了全面建设小康社会,加快推进社会主义现代化的新的发展阶段。2002年,江泽民在党的十六大报告中进一步提出,"我们要在本世纪头二十年,集中力量,全面建设惠及十几亿人口的更高水平的小康社会,使经济更加发展、民主更加健全、科教更加进步、文化更加繁荣、社会更加和谐、人民生活更加殷实"。2007 年,胡

---

① 《邓小平文选》第 2 卷,人民出版社 1994 年版,第 259 页。

② 《中共中央关于制定国民经济和社会发展十年规划"八五"计划的建议》。

锦涛在党的十七大报告中提出,"在十六大确立的全面建设小康社会目标的基础上对我国发展提出新的更高要求"。包括五个方面的内容:一是增强发展协调性,努力实现经济又好又快发展;二是扩大社会主义民主,更好地保障人民权益和社会公平正义;三是加强文化建设,明显提高全民族文明素质;四是加快发展社会事业,全面改善人民生活;五是建设生态文明,基本形成节约能源资源和保护生态环境的产业结构、增长方式、消费模式。

(四)全面"建设"到全面"建成"

2012年,党的十八大报告首次提出全面"建成"小康社会。报告根据我国经济社会发展实际和新的阶段性特征,在党的十六大、十七大确立的全面建设小康社会目标的基础上,提出了更具明确政策导向、更加针对发展难题、更好顺应人民意愿的新要求,以确保到2020年全面建成的小康社会,是发展改革成果真正惠及十几亿人口的小康社会,是经济、政治、文化、社会、生态文明全面发展的小康社会,是为实现社会主义现代化建设宏伟目标和中华民族伟大复兴奠定坚实基础的小康社会。全面建成小康社会新目标的提出,是党的十八大对小康社会理论的丰富和发展。由"建设"转向"建成",一字之差,内涵丰富意义深远,体现了我们党对小康社会认识的进一步深化,"建设"是过程,"建成"是结果,确保到2020年实现全面建成小康社会的宏伟目标。

2014年12月,习近平在江苏调研时首次正式提出要"协调推进全面建成小康社会、全面深化改革、全面推进依法治国、全面从严治党,推动改革开放和社会主义现代化建设迈上新台阶"。随后,2015年2月2日,习近平在省部级主要领导干部学习贯彻十八届四中全会精神,全面推进依法治国专题研讨班开班仪式讲话中，集中论述了"四个全面"战略布局的逻辑关系。他指出，全面建成小康社会是总揽全局的战略目标，全面深化改革、全面依法治国、全面从严治党是三大战略举措。从内容上看，全面建成小康社会是经济、政治、文化、社会、生态文明建设五位一体的全面小康，是不可分割的整体。从区域来看，到2020年全面建成小康社会意味着全国各个地区都要迈入小康社会，而不是一部分地区进入小康社会，其他地区还处在贫困状态。

2015年10月，党的十八届五中全会提出如期实现全面建成小康社会奋斗目标，推进经济社会持续健康发展，必须遵循坚持人民主体地位、科学发展、深化改革、依法治国、统筹国内国际两个大局、党的领导原则，并指出要在已经确定的全面建成小康社会目标要求的基础上，努力实现以下新目标，即：经济保持中高速增长，人民生活水平和质量普遍提高，国民素质和社会文明程度显著提高，生态环境质量总体改善，各方面制度更加成熟、更加定型。

第二节　民生幸福理论渊源

《左传·宣公十二年》中的一句"民生在勤，勤则不匮"，在中国历史上首次提出了"民生"一词。在中国传统社会中，民生一般指百姓的基本生计，只涉及物质层面的内容。如管子认为，"衣食足而知荣辱，仓廪实而知礼节"。人权保障角度下的民生是这样定义的：民生即是保障民众的基本生存权和发展权。我们可以从三个方面来理解这个定义：首先，民生的实质是民众的权利。其次，生存权的保障是民生的基本内容。再次，发展权的保障是能促进民众更好地生存。只有物质条件满足了居民需求,才能追求精神生活、幸福生活。马克思、恩格斯认为,幸福和人的物质利益有关:"当人们还不能使自己的吃喝住穿在质和量方面得到充分保证的时候,人们就根本不能获得解放。"①古往今来,关于民生和幸福的研究源远流长,古今中外思想家、理论家、实践家对幸福这一全人类课题付出了不懈努力和求索。从学科研究上看,哲学、伦理学、心理学以及社会学均对幸福进行了理论探讨、实证分析,形成了丰富的理论成果。这些思想、研究成果和实践对民生幸福的理论积累与实践发展做出了重要贡献。

一、中国传统福文化的当代价值

幸福的准确内涵,因同时涉及客观标准与主观感受两方面,往往难以把握。古今中外的先哲、思想家及研究者们对幸福展开了诸多的研究和论述,不同的理论基础、哲学观念、研究视角、学科背景衍生出了不同的幸福内涵,百家争鸣,却一直扑朔迷离,没有一个统一的解释和定论。正如德国哲学家伊曼努尔·康德认为:"幸福的概念是如此模糊,以致虽然人人都想到它,但是却谁也不能对自己所决意追求或选择的东西说得清楚、明白。"②

在中国伦理思想中,对"福"的概念有深刻的见解,幸福的概念被表述为"福"、"福德"等,甲骨文中就有"福"字,意为祭祀,"两手奉尊于示前",表达人们的愿望和祈求。中国最早关于幸福的论述出自古籍《尚书·洪范》,其中提出"福"的五个内容:"一曰寿,二曰富,三曰康宁,四曰攸好德,五曰考终命。""五福"说认为长寿、富裕、健康安宁、良好的道德、善终这"五福齐

---

① 夏颖:《幸福理论及其当代解读》,硕士学位论文,苏州大学,2012年。
② 张立民、周红:《和谐社会视野下的幸福观定位》,《学术论坛》2009年第7期。

至"才是幸福。这反映出中国古人对幸福的美好憧憬和向往。
至今中国传统春节,家家户户张贴"福"字,意为表达祈求"福如
东海"、"福气"的幸福观念。同时,古代先哲们非常关注国家之
根本、社稷之根基、百姓之生存,提出了丰富的民生幸福思想。
早在《尚书·五子之歌》中就有了"民惟邦本,本固邦宁"的记
载。其意为,民众才是国家之根本,百姓安定,国家才能稳固。
春秋时期齐国思想家管子更进一步把先前传统的重民观念概
括为"以人为本。本理则国固,本乱则国危"。即,人民是国家
的根本,决定着国家社稷的稳固、朝代的兴衰存亡,曰"民无不
为本"。战国时期儒家学派代表人物孟子在《尽心章句下》中提
出"民为贵,社稷次之,君为轻"的思想,成为后世广泛流传的名
言,一直为人们所引用。到了封建社会,重视农业生产是历代思
想家的共识。东汉王符就认为:"夫为国者以富民为本⋯⋯夫
富民者以农业为本⋯⋯守本离末,则民富;离本守末则民贫。"①
唐太宗更是明确指出:"凡事皆须务本。国以人为本,人以衣食
为本。"②只有"务本",大力发展农业生产,百姓才能五谷丰登、
家给人足,社会才能稳固安定。中国革命先行者孙中山先生认
为,"民生就是人民的生活——社会的生存、国民的生计和群众
的生命",他认为民生最主要的就是衣、食、住、行四个方面,只
有解决人民的"衣食住行四大需要",才能实现给养人民的
目的。

　　中国传统福文化一直影响着人们的幸福追求。千百年来,
人们孜孜以求地追寻着幸福,无数哲人学者探究着幸福,说到
底都是在试图解开关于幸福的两个基本问题:一是什么是幸
福,何为幸福? 二是如何获得并实现幸福。

---

① 董仲舒:《春秋繁露》第8卷,上海古籍出版社1989年版,第2—3页。
② 吴兢:《贞观政要》,济南出版社1993年版,第467页。

（一）幸福

现代汉语中,幸福是一个词组,它由幸、福两个汉字组成。"幸"的基本涵义为:（1）幸福;幸运。（2）认为幸福而高兴。（3）望;希望。（4）侥幸。"福"的涵义为:幸福;福气（跟"祸"相对）。"幸福"是个新词,《现代汉语词典》对"幸福"这一词条的解读为:（1）名词,使人心情舒畅的境遇和生活,如,为人民谋幸福,今天的幸福是先烈们流血流汗得来的。（2）形容词,（生活、境遇)称心如意,如,随着经济的发展,人民越来越幸福。[①] 英语中的幸福多用"happiness"来表示,源自形容词 happy,其意为:（1）愉快、满意、满足;（2）快乐的;（3）幸运的;（4）恰如其分的、令人满意的。但在规范化的学术研究和科学术语中,往往又多用"well-being"来指代幸福,释义为"福祉、福利、康乐、幸福"。不难看出,无论是汉语,还是英语;无论是作为名词,或是形容词,幸福大都表示人们内心的一种感觉或状态,是主观色彩较为浓厚的词汇。《中国大百科全书》直接给出了幸福的内涵并总结归纳了宗教神学、近代唯物主义以及马克思主义伦理学关于幸福的观点,所谓幸福,就是"人们在物质生活与精神生活中,因意识到实现或接近了自己的目的与理想而引起的精神上的满足感"。

从马克思主义理论来看,幸福更多的是指追求幸福的过程,是指一种可以实现的生活状态。在追求幸福的过程中,劳动才是创造幸福的源泉。劳动是幸福的泉源表现在:第一,劳动是人的本质性存在形式。第二,有意识的人类劳动创造自身的幸福。第三,劳动创造人与自然、人与自身、人与他人之间的和谐关系。马克思在《哥达纲领批判》中提出了佐证,他指出:

---

① 《现代汉语词典》,商务印书馆 2009 年版,第 1527 页。

"因为劳动是一切财富的源泉，所以社会中的任何人不占有劳动产品就不能占有财富。因此，如果他自己不劳动，他就是靠别人的劳动生活，而且也是靠别人的劳动获得自己的文化。"①

幸福是什么？如果把这一话题抛给社会大众，不同的人一定会有不同的答案。前不久，中央电视台记者走基层采访社会公众对幸福的看法，在回答"你幸福吗？你觉得什么是幸福"时，我们听到了社会公众各式各样的回答：幸福的视角可以很宏伟，有的人认为祖国强盛、社会和谐是幸福，有的人认为实现人生理想和抱负才是幸福；幸福的视角也可以很细微，有的人认为吃饱穿暖就是幸福，有的人认为多买一套房子就是幸福，也有的人认为事业有成、身体健康、家庭和睦就是幸福，等等。可见，由于价值理念、评判标准、所处环境、知识结构以及生活经历的不同，不同的人对幸福有着不同的理解，每个人都有自己的一套评判幸福的标准。正因为如此，幸福有大有小、多彩多姿、千姿百态，大众的幸福并不大众，每个人心里都有自己的幸福标准，才会不断地追求着属于自己的幸福。

古今中外，思想家、研究者们给幸福下的定义不计其数，为避免陷入对幸福概念的冗繁罗列，纵观社会各界、各维度视角对幸福的解读，概括起来，幸福实质上就是当人们达到一定的物质和精神生活水平之时，因为感受到自己能够实现预定目标和理想时而引发的一种内心满足，是主观和客观两个方面辩证统一的良好的生活质量和状态。可以这样理解，人们想要获得幸福，首先就必须满足基本的吃、穿、住、行、用等物质需求，随着物质生活水平的不断提高，人们建立在物质生活不断满足基础上的主观满意度也随之提高，进而达到比较幸福的状态。然

① 李谧：《〈1844 年经济学哲学手稿〉中的"民生幸福"思想透视》，《社会主义研究》2014 年第 5 期。

而,物质生活的满足只是人们获取幸福的基本保障,物质生活的满足并不意味着精神生活的满足也相应实现。随着经济社会的发展,物质的满足往往并不能直接带来人们主观满意度的提高,人们对幸福状态的追求逐渐提升到更高的层次,越来越重视精神生活、情感生活、自我实现等的满足。正如美国心理学家、社会学家马斯洛著名的"需要层次理论"说的那样,人类对幸福的追求具有普遍性且有层次之分,人们总是在满足低层次的需求后,渴望对更高层次的需求的满足。不难看出,人们的幸福感不仅来自于物质生活的富足,更多的来自于精神生活的丰富多彩,是物质生活、精神生活满意度的统一。

此外,人们自身的价值观念、对幸福的理解、对生活的期望值、生活态度以及参照对象的差异等诸多元素,也往往左右着其幸福状态。可见,幸福是建立在一定的经济社会基础之上,是主观和客观、物质和精神的统一,幸福与人们对它的看法、理念、愿景以及人们对人生意义的理解、参照对象的选择等诸多要素密不可分。

(二)幸福感

幸福感首先是一种主观的心理体验,其基础内容既包括对于生活状态的事实判断,也包括对生活意义和满足标准的价值判断,其外在表现是基于生活满意度之上所产生的一种正向的心理体验。当前,基于幸福感提升这一目标所推进的各类社会建设行为,如"城市幸福感提升"、"社区居民幸福感"等,正是希望通过各种主观努力和客观条件的改善,达成人们感到满意、满足和快乐的幸福感觉。

中国文化传统偏重节制、适应、清静无为的儒家与道家思想,一般情况下难以正面回应"幸福感提升"这一课题。相比之下,西方哲学传统中的幸福感研究更为丰富。其思路主要有两种:快乐主义幸福观和完善论幸福观。快乐主义幸福观由古希腊哲学家、昔兰尼学派创始人阿里斯底波倡导,英国经验论哲学家洛克、功利主义哲学家边沁和穆勒等,以及德国古典哲学家费尔巴哈继承并发扬,他们都认为幸福就是感觉到满足,幸福是建立在感觉的基础之上的。完善论幸福观的代表人物是古希腊哲学家亚里士多德,他认为:"一切其他东西或是它(幸福)的必然附属品,或为它的本性所需的有用的手段。"幸福感又可分为主观幸福感和客观幸福感,直接从字面意义上来看,可以简单理解成前者是人主观的对自身幸福的感觉,后者则是由于外部环境所带来的幸福程度的变化。两者的理论分别可以追溯至快乐主义幸福观和完善论幸福观,一个极端更强调主观性幸福,另一个极端则更强调客观幸福。①

　　幸福感的内涵非常丰富,如果我们把单纯的愉快体验当做幸福感的唯一内容,只把幸福理解为快乐、高兴,那么幸福感就没有分化,也就没有发展。现代心理学对幸福感的研究主要有两种取向,基于快乐论和实现论两种不同的哲学思想,现代心理学将幸福感的概念内涵划为主观幸福感和心理幸福感两种研究模型和框架。

　　主观幸福感(Subjective Well-Being 简称SWB)是从快乐论发展而来的研究路径,以 Diener 等人为代表,关注的是人们如何评价他们自身的生活状况,主要由三个部分构成:生活满意、令人愉快的感受和不愉快的感受。主观幸福感具有三个明显的特点:(1) 主观性,幸福感的评价完全依赖于个体自身的判断;(2) 整体性,它是一种综合评价,是对生活的总体满意度;(3) 相对稳定性,幸福感并不随时间的流逝或环境的一般性改

① 胡俊:《公共财政支出对民生幸福指数的影响及其效益分析——基于云南省数据的实证研究》,硕士学位论文,云南财经大学,2012年。

变而发生重大变化。

心理幸福感(Psychology Well-Being,简称 PWB)是由实现论演化而来的研究路径,以 Ryan、Deci、Ryff 等为代表,是指人心理机能的良好状态,人的潜能的充分实现,具体来说,就是重视积极的自尊、社会服务、生活目的、友好关系的普遍意义。这一视角下的幸福感的核心构成要素,与主观幸福感的快乐体验内涵是不同的。

（三）幸福观

幸福观,是指人们对待幸福的根本态度、看法和观念的总结和概括,是人们的世界观、人生观的反映和重要组成部分。由于生活价值目标的不同,人们的幸福观也就不同。

从本质上看,幸福观是由一定的社会物质条件决定的具有内在规定性的社会意识,随着社会物质条件的变化而变化,受到一定时代和社会历史条件的影响和制约,社会物质条件决定着人们的幸福观。

从历史上看,唯心主义哲学家把道德同幸福对立起来,或以为幸福在于天国的理想,或以为追求物欲即是不道德,从而主张禁欲主义。宗教道德的幸福观则要人们忘掉现实的痛苦去追求天国的理想。基督教神学家认为人要达到幸福的境界,只有对上帝的沉思、崇拜,才能返归天国,获得真正的幸福。在中国,宋明理学认为,人们追求物质幸福是一种邪恶的"人欲",与"天理"不相容,主张"存天理、灭人欲"。旧唯物主义思想家肯定人们追求幸福的道德意义,基本上会把幸福与道德等同起来,主张"幸福就是德性"。在欧洲文艺复兴时期,一些思想家宣布,"我是凡人,我只要凡人的幸福",提出"幸福就在人间"的口号,把幸福从虚无飘渺的天国拉回现实的人间,具有很大的进步性。但其把幸福理解为单纯的感官享受和个人需要的满足,则存在着严重的片面性。

马克思主义的幸福观凝结了历史哲学思想的精华,将共产主义作为全人类获取幸福生活的终极目标,为人们获得现实幸福指明了方向。马克思主义幸福观主要观点如下:(1)劳动是幸福的源泉。马克思主义认为,幸福不是自然存在的,而是由人的劳动创造出来的。人是自身幸福的创造者,斗争和劳动是幸福的源泉。正如马克思所言:"任何一个民族,如果停止劳动,不用说一年,就是几个星期,也要灭亡。"①(2)道德是幸福的前提。道德是调节人与人、人与社会之间关系的行为规范总和,也是调节人类行为、其他各类关系的重要手段,更是实现人生幸福的必要条件。(3)幸福要实现物质和精神的统一。马克思主义认为,人类幸福是精神和物质生活的统一体,其中不仅仅来自对物质生活需要的满足,更是来自精神生活、社会需要的满足。(4)幸福是社会幸福基础上的个人幸福。个人幸福的真正实现依赖于社会幸福的实现。历史和实践证明,社会幸福是个人幸福的基础,社会幸福高于个人幸福,人类要想获得幸福就要为他人着想,为他人、为社会创造幸福。

（四）幸福指数

和幸福的概念一样,幸福指数也越来越成为各地讨论、实践最多的话题之一,各类"城市幸福指数排行榜"、"幸福指数排名"、"幸福指数指标体系"屡见不鲜。幸福指数(Happiness Index,Well-Being Index),简单地说就是用来衡量幸福具体感受程度的主观测量指标数值,它反映的是一种关于幸福程度的社会事实,是人或群体在某一时期内对生活质量的主观感受变化程度。

---

① 《马克思恩格斯选集》第4卷,人民出版社1995年版,第197—198页。

　　古希腊时期的先哲柏拉图曾提出了一个计算幸福的公式："幸福＝蜜泉＋清凉剂"。意思是指,单纯的情感生活是难以获得幸福的,善的生活应该是一种"蜜泉"和"清凉剂"混合的状态。柏拉图用这种公式计算出,"王者的生活比独裁者的生活快乐 729 倍"[①]。而在现代社会科学领域,最早提出幸福指数这一概念的是美国著名经济学家萨缪尔森,他给幸福设定了一个计算公式,即"幸福 ＝ 效用/欲望"。也就是说,幸福是效用与欲望的比值,也就是说幸福与效用成正比,与欲望成反比,获得的效用越大,欲望越小则越幸福。最早把幸福指数纳入社会发展考核指标体系的是南亚不丹王国(被世人誉为"离世界最远,离天堂最近"的地方)。上世纪 70 年代,不丹国王提出了"国民幸福总值"(GNH)的概念并用 GNH 代替了 GDP 指标,主张政府施政和管理应当关注国民幸福、改善人民生活,不再片面强调国内生产总值(GDP)或国民生产总值(GNP),而是以追求国民幸福总值(GNH)的最大化和均衡化为发展目标,其内容包括政府善治、经济增长、文化教育发展和环境保护等四个维度。[②]几十年来,在经济并不算富足的南亚小国不丹,国民总体生活得较幸福,人民幸福感普遍较高,由此带来的"不丹模式"引发了全世界的关注。

　　近年来,世界各国纷纷展开对幸福指数的研究,不少发达国家已经开创了符合本国国情的幸福指数模式。我国也越来越重视地区幸福指数的测评和考核,幸福指数等相关指标体系已经正在成为多省市的重要的施政理念和纲领。如果说 GDP、GNP 是衡量国家、地区经济发展水平的标准,那么,幸福指数就

① 韩希江、张子扬:《邢占军:走在测量幸福的路上》,《大众日报》2006 年 10 月 27 日。

② 金江:《主观幸福的经济学初探》,武汉大学,2010 年。

可以成为一个衡量百姓幸福感的标准。可以说,作为最重要的非经济指标,它是监测社会运行状况、反映民众生活状态的"晴雨表",也是指引社会发展、关乎民心向背的"风向标"。

国内学者从上世纪 90 年代开始研究幸福指数。邢占军认为,幸福指数测量的是民众的幸福感,反映的是国民主观生活质量。而北京大学刘伟则认为,幸福指数应该是一个包括政治自由、社会机会、经济机会、安全保障、文化价值观、环境保护 6 类构成要素在内的国民幸福核算指标体系。北京市统计局认为,幸福指数测量指标体系内容应该包括:公平感、成就感、归属感、安全感、愉悦感、和融感、满足感和向心感。2006 年时任国家主席胡锦涛访美期间,在耶鲁大学发表演讲时首次明确提出要"关注人的价值、权益的自由,关注人的生活质量、发展潜能和幸福指数"[①]。

二、中国共产党人的民生幸福思想

马克思主义认为,民生幸福的本质并不在于单个人的愉悦,而是存在于"类"关系之中,因而,"类"本质,才是民生幸福的真正本质。这是与人的本质相关联的幸福原则。正如马克思在《关于费尔巴哈的提纲》一文中指出:"人的本质不是单个人所固有的抽象物,在其现实性上,它是一切社会关系的总和。"类,成为民生幸福的本质所在,这在《1844 年经济学哲学手稿》中得以展现。人的类本质,一方面人表现为自然无机界的组成部分,另一方面表现为人的精神的类能力,它们都属于人

---

① 胡俊:《公共财政支出对民生幸福指数的影响及其效益分析——基于云南省数据的实证研究》,硕士学位论文,云南财经大学,2012 年。

的类本质的构成要素,应当成为民生幸福的本质①。90多年的风雨历程中,在团结带领全国各族人民革命、建设和改革开放的进程中,中国共产党人继承并发扬了马克思主义民生观,把解决民生问题作为一切工作的出发点和归宿,在实践中形成了丰富的具有中国特色的民生思想,并仍然在创新发展。

毛泽东民生思想十分丰富。以毛泽东为核心的党的第一代领导集体提出并始终坚持"一切为了群众,一切依靠群众"和"全心全意为人民服务"的宗旨,共产党员必须把人民利益放在首位,必须关注人民群众的物质利益。在论述关心人民生活时,他认为一切空话都是无用的,必须给人民看得见的物质福利。"我们应该深刻地注意群众生活的问题,从土地、劳动问题,到柴米油盐问题……一切这些群众生活上的问题,都应该把它提到自己的议事日程上。应该讨论,应该决定,应该实行,应该检查。要使广大群众认识到我们是代表他们的利益的,是和他们呼吸相通的。"②毛泽东反复强调:"共产党就是要奋斗,就是要全心全意为人民服务,不要半心半意或者三分之二的心三分之二的意为人民服务。"③新中国成立后,面对一穷二白的贫弱国情,中国共产党更是把改善人民的经济生活放在首位。毛泽东指出:"中国连年战争,经济遭到破坏,人民生活痛苦。战争一旦结束,我们不但要恢复生产,而且要建设崭新的、现代化的、强大的国民经济。当前摆在我们面前的迫切任务是解决

---

① 李谧:《〈1844年经济学哲学手稿〉中的"民生幸福"思想透视》,《社会主义研究》2014年第5期。

② 毛泽东:《关心群众生活,注意工作方法》,1934年1月22日至2月1日毛泽东在江西瑞金召开的第二次全国工农兵代表大会上所作的结论的一部分。

③ 毛泽东:《坚持艰苦奋斗,密切联系群众》(1957年3月),《毛泽东文集》第7卷,人民出版社1999年版,第285页。

人民的衣食住问题和安排生产建设问题。"①

邓小平理论同样蕴含着丰富的民生思想。邓小平同志在总结中国共产党领导社会主义建设经验教训的基础上,重申了中国共产党民生为本的执政理念。1978 年 9 月,他在《高举毛泽东思想旗帜,坚持实事求是的原则》的讲话中明确指出:"按照历史唯物主义的观点来讲,正确的政治领导成果,归根结底要表现在社会生产力的发展上,人民物质文化生活的改善上。"②邓小平意识到,一方面,解放和发展生产力是解决民生问题的前提,提出通过先富带后富的方式来解决民生问题;另一方面,发达的生产力、民生的改善是社会主义优越性的基础和体现。邓小平把衡量一切工作得失成败的标准概括为"三个有利于",即,"是否有利于发展社会主义的生产力,是否有利于增强社会主义国家的综合国力,是否有利于提高人民的生活水平"。其中,"提高人民的生活水平"则集中体现了邓小平以人民利益为根本利益的民生观。

以江泽民为核心的党的第三代中央领导集体创造性地提出了"三个代表"重要思想,指出我们党要始终代表中国最广大人民的根本利益。贯彻落实好"三个代表"重要思想的本质就是坚持执政为民,始终把实现好、维护好、发展好最广大人民的根本利益作为全部工作的出发点和落脚点。在党的十六大报告中,江泽民强调要"在经济发展的基础上,促进社会全面发展进步,不断提高人民生活水平,保证人民共享发展成果"③。

党的十六大以来,以胡锦涛为总书记的党中央创造性地提出了科学发展观和构建社会主义和谐社会等一系列重大战略

---

① 金冲及:《毛泽东传(1893—1949)》,中央文献出版社 1996 年版,第 910 页。
② 《邓小平文选》第 2 卷,人民出版社 1994 年版,第 128 页。
③ 《江泽民文选》第 3 卷,人民出版社 2006 年版,第 534 页。

思想。科学发展观的核心就是以人为本,从人民群众的根本利益出发谋发展、促发展,不断满足人民群众日益增长的物质文化需要,切实保障人民群众的经济、政治、文化权益,让发展的成果惠及全体人民。党的十七大报告正式确认了中国特色社会主义事业四位一体的总体布局,并且在十七大报告中单列一节专题详细阐述"加快推进以改善民生为重点的社会建设"。胡锦涛在报告中指出,社会建设与人民幸福安康息息相关。必须在经济发展的基础上,更加注重社会建设,着力保障和改善民生,推进社会体制改革,扩大公共服务,完善社会管理,促进社会公平正义,努力使全体人民学有所教、劳有所得、病有所医、老有所养、住有所居,推动建设和谐社会。①

党的十八大报告把生态文明建设写进社会主义事业五位一体的总体布局,并单列一节专题阐述"在改善民生和创新管理中加强社会建设"。报告指出:"加强社会建设,必须以保障和改善民生为重点。提高人民物质文化生活水平,是改革开放和社会主义现代化建设的根本目的。要多谋民生之利,多解民生之忧,解决好人民最关心最直接最现实的利益问题,在学有所教、劳有所得、病有所医、老有所养、住有所居上持续取得新进展,努力让人民过上更好生活。"②

党的十八大以来,以习近平为总书记的党中央,坚持以人为本、以民为本执政理念,不仅高度重视民生工作,而且对中国共产党的民生思想进行了新的发展:

"一切工作出发点、落脚点都是让人民过上好日子。"民生连着民心,民心关系国运。民生问题是中国改革最大的问题,

---

① 《十七大以来重要文献选编》上册,中央文献出版社 2009 年版。
② 胡锦涛:《坚定不移沿着中国特色社会主义道路前进 为全面建成小康社会而奋斗》,人民出版社 2012 年版。

解决民生问题是最大的政治，改善民生是最大政绩，把民生建设放在全面建成小康社会的大背景下考量，群众不仅要有更高的收入水平，而且要有更高的生活质量；不仅物质生活要得到改善，而且精神文化生活也要得到提高；不仅大多数群众的问题要解决好，而且低收入困难群众的问题更要解决好。正如习近平所指出的："我们的人民热爱生活，期盼有更好的教育、更稳定的工作、更满意的收入、更可靠的社会保障、更高水平的医疗卫生服务、更舒适的居住条件、更优美的环境，期盼孩子们能成长得更好、工作得更好、生活得更好。"①

"保障和改善民生没有终点站只有新起点。"民生改善"没有最好，只有更好"。只有把民生领域的各项工作做好了，把民生这个前提和基础做细做实了，才能不断提高民生质量和民众的幸福感，不断刷新"民生高地"的惠民高度，让老百姓过上更有保障、更有尊严的幸福生活。同时，民生改善是一项长期的、系统的、艰巨的、复杂的工程。2014 年 12 月，习近平在江苏调研时强调："要像抓经济建设一样抓民生保障，像落实发展指标一样落实民生任务，民生工作面广、量大、头绪多，一定要注重稳定性、连续性、累积性，一件事情接着一件事情办，一年接着一年干，一任接着一任做。"

"要抓住群众最关心的教育、医疗、社会保障、食品安全等问题，实打实地做，循序渐进地推。"确实，我国发展前进的道路上还存在不少的困难和问题。这些困难和问题很多就集中表现在民生问题上，城乡区域发展差距和居民收入分配差距较大，教育、就业、社会保障、医疗、住房、生态环境、食品药品安全、安全生产、社会治安等关系群众切身利益的问题仍然较多，

---

① 《习近平谈治国理政》，外文出版社 2014 年版，第 4 页。

部分群众生活仍然比较困难。现阶段,在全国实现总体小康水平的基础上,人民群众的温饱问题基本得以解决,物质生活水平有了很大提高,但涉及更高层次的民生诉求,民生问题的解决、民生事业的发展还是低水平的、不均衡的。民生问题的有效解决、民生幸福的充分实现不仅是当前发展的客观需求,更是人民群众的现实诉求。

解决这些问题,推动实施"四个全面"战略布局,关键要打好全面小康攻坚战。全面建成小康社会作为战略目标居于统领地位,全面深化改革、全面依法治国、全面从严治党是实现这一目标的三大战略措施。全面建成小康社会必须从经济新常态切入。习近平提出:"认识新常态,适应新常态,引领新常态,这是当前和今后一个时期我国经济发展的大逻辑。"所谓"新",意味着与过往有很大的不同;所谓"常",又意味着这一形态将在很长一段时间内保持。这要求党中央在国家经济发展的过程中必须要有新的认识、新的眼光、新的思路和新的作为,准确把握经济新常态的必然性,高度重视新常态的决定性,坚持市场化改革、创新性改革、绿色改革和普惠性改革,从而正确引领经济新常态。国家在政策上要全面深化改革、思想上要全面解放思想、思路上要勇于开拓创新,推动如期全面建成小康社会,使人民安居乐业,生活幸福。

党的十八届五中全会提出,坚持共享发展,着力增进人民福祉。按照人人参与、人人尽力、人人享有的要求,坚守底线、突出重点、完善制度、引导预期,注重机会公平,保障基本民生,实现全体人民共同迈入全面小康社会。并且进一步明确了增加公共服务供给、实施脱贫攻坚工程、提高教育质量、促进就业创业、缩小收入差距、建立更加公平更加可持续的社会保障制度、推进健康中国建设、实现人口均衡发展等八项举措。

总之,中国共产党人的民生幸福思想经历了一个发展深化的过程。在民生幸福与全面建成小康社会的关系上,最起码有如下几层理解:

一是民生幸福是全面建成小康社会的根本目的。党的十八大提出,要始终把实现好、维护好、发展好最广大人民的根本利益作为党和国家一切工作的出发点和落脚点。推动科学发展,增加社会物质财富,最终都是为了改善民生,让人民群众过上更加美好的生活。在 2020 年全面建成小康社会的宏伟目标下,党的十八大首次提出了"实现国内生产总值和城乡居民人均收入比 2010 年翻一番"的新指标。这两个指标一个是经济总量指标,一个是人民生活指标,指标设定以 2010 年为基期,指导性、方向性更加鲜明,尤其是人均收入翻一番指标的提出,分量更重,彰显出 2020 年全面建成小康社会是以人民更加幸福为根本,更加关注百姓生活的幸福度。

二是民生幸福是全面建成小康社会的重要基础。民生问题是关系社会和谐稳定的根本问题。只有始终把人民放在心中最高位置,始终坚持民生优先、民生为先,真正把改善民众生活、实现民生幸福放到基础性地位,着力解决好全面建成小康社会的民生短板,不断实现人民群众对更好的教育、更稳定的工作、更满意的收入、更舒适的居住环境等等民生幸福预期,才能调动广大人民群众参与全面建成小康社会建设的积极性、主动性、创造性。

三是民生幸福是全面建成小康社会的目标要求。党的十八大根据我国经济社会发展的实际,从五个方面提出了全面建成小康社会的新的目标要求,即经济持续健康发展,人民民主不断扩大,文化软实力显著增强,人民生活水平全面提高,资源节约型、环境友好型社会建设取得重大进展。这五个方面都事关民生,无一不把落脚点放在了民生之上,都对保障和改善民生提出了更高的要求,这就要求我们不仅要促进经济社会又好又快发展,而且要下更大力气把发展的成果真正体现在民生改善上,体现在民生幸福上,让人民群众过上更加美好的生活。

第三节　民生幸福的国际案例

幸福一直都是全人类的话题。随着"幸福热"在全球不断升温,各国执政者纷纷认识到民生幸福对经济社会发展的重要意义,既展开国民幸福、民生幸福的相关研究,也探索并付诸实践,努力提升国民幸福指数。

（一）不丹:幸福最重要

不丹王国(Kingdom of Bhutan),位于中国和印度之间喜马拉雅山脉的东段南坡,这个曾不为世人注意的南亚小国近些年却吸引了国际社会的广泛关注。不丹是全世界最不发达的国家之一,2013年在联合国发展署发表的全球人类发展报告中,不丹排名第140位。2006年,不丹却被评为全世界"幸福指数最高的国家"之一,"幸福指数"始终保持在亚洲第一,世界前列,国民幸福满意度高达97%。

1972年,不丹第四代君主吉格梅·辛格·旺楚克国王成为不丹模式的开创者。他认为,政府施政和管理应当关注国民幸福,真正改善人民生活,国民的幸福最为重要。在这种治国理念下,不丹政府不再片面强调国内生产总值(GDP)增长,而是以追求国民幸福总值(GNH)的最大化和均衡化为目标,并把"国民幸福总值"具体化为经济增长、文化发展、环境保护和善治良政四大支柱。从此以后,和其他多个国家奉行的GDP模式相比,GNH在不丹率先成为一个替代GDP衡量人类进步的工具。

不丹非常重视对幸福的研究和调查。不丹推出的"国民幸福总值"，以 9 大类来衡量，包括教育、心理幸福感、健康、时间支配、文化多样性和恢复力、善治、社区活力、生态多样性和恢复力、生活水平，每大类还有 8 个子项，共 72 项，这些数据每 3 年修订一次。值得注意的是，GDP 只占幸福总值的 1/72。可见，不丹国民幸福指数高的秘诀在于"坚持人文效益、生态效益和社会效益高于经济效益"。为了开展幸福研究和调查，政府还成立了"不丹全民幸福快乐委员会"，机构的主要工作是每隔两年通过全国性的问卷调查重新做一次国民幸福指数的评估和研究。

不丹重视经济发展的公平和可持续。"不丹模式"以实现国民幸福为目标，并非是放弃经济的发展，而是强调经济发展不能以牺牲资源和环境为代价，要实现经济发展的公平和可持续，并一直在付诸实践。科学而完备的资源环境保护政策使得不丹原始森林得到很好的保护，目前森林覆盖率高达 74％，位居世界第一。尽管如此，不丹还制定了"社会造林"计划，国王身体力行，号召全国人民植树造林，为子孙后代保护好环境，差不多每个国民不论老少每年都要种 10 棵。再如，不丹有着优美的自然环境，有大力发展旅游业的"天生丽质"，但为了保护生态环境，不丹一直在限制本国旅游业的发展，每年只允许 6000 名旅客入境，因为过多的游客虽然会带来高额的旅游收入，但对生态环境的破坏和文化的冲击是不丹不愿意看到的。

不丹始终在保护传统文化。不丹政府认为，长期生活在这片土地上的民族适应了当地环境的需要，已经形成有别于其他民族的传统文化，传统文化是先辈们传承下来的精神财富，任何时候都不能丢弃。因此在不丹，国民都穿着民族传统服装，学生们也大多学习传统舞蹈,传统的建筑和遗迹也受到很严格的保护。不丹政府还规定,无论何种性质和用途的建筑都必须按照传统建筑样式建造。正是对传统文化的强烈认同感,这个国度的人们才会感到快乐和幸福。

不丹非常重视改善居民的社会福利。虽然不丹的经济发展水平不高,但政府却十分重视改善居民生活,对居民在社会福利方面的投资毫不吝啬,每年在教育和医疗方面的财政预算就占到了总预算的 30% 左右,实现了全民免费医疗福利、全民免费教育福利、全民免费饮水福利、全民免费公路福利、全民住房供给制等等。

对国民幸福的重视和追求、经济发展的公平和可持续、高度认同的传统文化、高水平的社会福利以及以 GNH 最大化和均衡化为奋斗目标的政府,让不丹告诫世人:幸福最重要。

(二)新加坡:幸福摩天轮

新加坡是东南亚的一个岛国,由于国土面积小,在地图上只是一个很小的点,但在世界上却是一个影响很大的国家。新加坡是全球富裕的国家之一,是著名的亚洲四小龙之首,它以稳定的政局、廉洁高效的政府而著称。截至 2013 年,根据全球金融中心指数的排名,新加坡是继伦敦、纽约和香港之后的第四大国际金融中心。

很难想象在这样一个经济发达、人口密度高、地域狭小的土地上,创造了绝大多数市民认同的幸福感。最近一项调查显示,95% 的市民称自己要么非常幸福,要么相当幸福。他们高度评价城市的整洁度和安全感——永远的花园城市,发达的社会保障,公共地铁仍是早期建成的那样,并且永远按时到达,警察工作勤勉,这些都让市民感到非常满意。

注重培养国民的国家意识。新加坡政府把国民意识作为建国和立国之本,重视培养国民的"我是新加坡人"的意识,强化心理上的认同感和归属感,增强民族凝聚力。新加坡政府认为,民族凝聚力和较高的认同感是国家进步的强大精神动力,有助于促进民族融合、社会和谐,最终实现国家繁荣昌盛,跻身世界强国行列。

完善便捷的全方位公共服务。对大多数人来说,住房、教育、养老、医疗等是影响人们幸福指数的重要因素。新加坡正是通过全方位的触手可及的公共服务,实现了广大市民的幸福感。在住房方面,新加坡人住者有其屋,居住幸福。住房有三类,一是政府组屋,二是公寓,三是洋房,其中前两类都是由政府建屋发展局负责建设,购买和新建组屋可直接向建屋发展局申请贷款,利率低于银行房贷,且政府组屋无论是质量还是设计上都不差,并有非常便捷的交通、医疗和学校资源配套。据统计,新加坡 500 万人口中,近 90% 拥有住宅,其中 85% 的人住在政府的组屋。在教育方面,实行免费制,小学、中学是完全免费的,即使进入大学,国家也负担 75% 的学费。同时,新加坡在中小学教育中非常重视儒家伦理,通过课堂教育把忠义廉耻等传统思想灌输给孩子们,每年还会开展许多寓教于乐的活动,培养新加坡人高度认同的社会价值观。在养老方面,在新加坡,60 岁以上的老年人被称作"乐龄人士"。政府大力倡导儒家孝道,号召全社会共同关爱孝敬老年人,还通过立法的形式设立"敬老周",每年开展敬老运动,慰问老年人。此外,政府还出台诸多倾向于老年人的政策,如每年的财政盈余分红中,老年人会得到额外分红。在医疗方面,新加坡的医疗保健相当完备,虽然不是免费医疗,但新加坡把医院床位分为四等,即 A、B1、B2、C 四类:A 类,国家不予补贴;B1、B2 的住院费国家分别补助 40% 和 60%;C 类,国家补贴 80%。分类补贴的医疗服务,极大地满足了各类群体的需求。

严酷的法律禁令呵护幸福都市。众所周知,新加坡人要遵守的法律禁令很多,也因此而闻名于世。正是有了法律禁令下形成的高效廉洁政府、良好的社会秩序、清洁的城市环境,新加坡才有了今天的美好,所以当地人常说,新加坡在用严酷的法律禁令呵护着来之不易的幸福。如,在公共场所乱扔垃圾,不但要被处以 1000 元新币(折合人民币 5000 元)的高额罚款,还要被罚清扫大街 1 天,甚至要被强制上电视亮相。公共汽车、剧场、影院、餐馆和装有空调的商店、政府机关办公室都属禁烟区,违禁要被罚款 500 新元。对于抢劫、盗窃等新加坡则靠"重典",犯罪嫌疑人不仅要面临牢狱之灾,据说还可能被执行鞭刑。对待公职人员,新加坡也有严酷的行为规范和禁令,对腐败行为的"零容忍",使新加坡成为"最廉洁的国度之一"。如果公务员有贪污行为,将付出高额的经济成本,其失去的将远大于贪污所得,此外,一旦被发现有贪污行为,将不会再有单位雇用,生活无着落,下场很惨。按照新加坡贪污调查局官员的说法:"新加坡严厉的法律和行政处罚,让贪污犯罪者得不偿失。"

注重国民认同感和国民意识的培养、触手可及的便捷公共服务、严酷法律禁令对幸福都市的呵护,这些实践和经验都有效地提升了国民的幸福感,使新加坡成为世人羡慕的幸福的摩天轮。

(三)丹麦:幸福不是童话

丹麦是欧洲北部国家,位于北海和波罗的海之间,是一个联合国公认的发达国家,贫富差距极小,国民拥有很高的生活水平,有着非常高的福利政策。丹麦,不仅诞生了安徒生这样的童话大师,也缔造了如同童话般幸福的梦想国度。在一次盖洛普世界民意调查中,北欧丹麦被评为"世界最幸福的国家",

并且位列第一。丹麦的幸福不是童话，其幸福实践和经验值得许多国家学习。

公平正义是幸福的前提。丹麦有句俗谚，"不要认为你有什么特殊——你和我们每个人都一样"。对于丹麦人来说，最有权力的人和最没有权力的人距离很小，丹麦是一个非常平等的社会。丹麦拥有可能是全世界最公平的收入分配制度和财产分配制度，高额税收就是用来重新分配财产和收入的一种手段，用以保证社会公平，国民通过交税就可以获得免费的教育、医疗和养老金等社会福利。

政府清廉是幸福的保证。2010 年 10 月，"透明国际"公布全球清廉指数排行榜，丹麦、新西兰和新加坡以 9.3 分并列第一，被评为该年度"世界最清廉国家"。在这样一个清廉的国家，民众往往拥有更多的幸福感受。丹麦刑法典对官员腐败和行贿受贿行为有着明确的规定，但立法却不是丹麦反腐的关键，对于丹麦人来说，历史上就没有腐败问题，没有腐败才是正常的丹麦。此外，丹麦政府实行完善的财产公开和申报制度，税务部门对包括政治人物和公务员在内的所有民众和单位的财产情况了如指掌。丹麦还对公职人员实行较高的薪酬制，从经济上杜绝了贪污腐败现象的发生。

公共福利是幸福的基础。丹麦是著名的福利国家，其覆盖全体国民的社会福利政策打下了国民幸福的基础。在丹麦，社会福利覆盖所有在丹麦居住的人，不分国籍，只要在丹麦领土上，就可以享受各种福利。医疗方面，实行全民免费医疗，看病、住院分文不花，连住院伙食费都由政府买单。教育方面，实行免费教育，公立学校从小学到大学学费全免，不仅如此，读书还可以领钱，18 岁以上的学生可以领取生活津贴。如果选择私立学校，政府则按公立教育标准报销一部分学费。低收入家庭孩子的学前教育也由政府买单,学生每月还可以拿到生活补贴。就业方面,失业人员在失业后的 4 年里,可领取相当于失业前工资 90% 的失业金。如果 4 年内还找不到工作,则领取相当数量的失业救济金。丹麦政府为全体国民提供了从摇篮到坟墓的一揽子社会福利。

高度信任是幸福的特色。据经济合作与发展组织的报告,丹麦人相互信任的指数高达 89%,诚信度世界第一。普通民众大都认为幸福源于信任。由于信任,丹麦人从事贸易活动甚至不需要合同,从而节省了合同签订的时间成本;在丹麦街头的超市,甚至没有收银员,顾客自觉排队,自觉付款。高度的彼此信任是丹麦这个幸福国度的最大特色,也正是因为信任,每个国民都感觉到无比幸福,就像丹麦人说的那样,"能安心地走在路上,不必担心什么,这就让我感到非常幸福"。

丹麦政府在营造公平正义环境、塑造清廉形象、实行高福利政策等方面所作出的努力值得各国政府学习和借鉴。当然,丹麦传统中的高度信任感也给予每一个幸福探路者很多启发。

(四)荷兰:风车下的幸福

荷兰位于欧洲西部,是著名的欧亚大陆桥的欧洲始发点。提起荷兰,人们都会不禁想起风车下的郁金香花田。同时荷兰繁荣和开放的经济、无所不包的社会福利博得了世人的瞩目。长期以来,荷兰在各项幸福指数调查中的排名"居高不下",是最幸福的国家之一。联合国 2012 年在不丹发布的《全球幸福指数报告》显示,荷兰在全球 156 个国家中位列第四。

幸福是自由自在。荷兰人的自由似乎并不局限于他们有着自由的经济、政治和文化,而是生活层面上的自由自在,是个体的自由。正如荷兰心理学家 Ellen de Bruin 所言:"在荷兰,每个人都在做自己,你可以自由地选择信仰,自由表达自己的想法和诉求，每个人都是自由的。"他认为荷兰人的幸福感源于个人自由。

幸福是相互信任。联合国的调查显示，人与人之间的信任感是荷兰人主观幸福感较高的原因之一。经济合作与发展组织的经济学家菲舍尔曾评论道："荷兰是居民相互信任指数最高的国家之一。"相互信任是荷兰的一种社会价值观，每个人似乎都非常"放心"他人，在荷兰半夜走夜路没有人会觉得害怕；在超市买东西忘记带钱只需下次顺便带来即可；大人推着婴儿车逛街大可放心地把婴儿车放在店门口而自己进去选购商品。这种彼此的信任感和安全感让荷兰人很幸福。

幸福来自高福利。荷兰的社会福利之多，就连绝大部分荷兰人自己都搞不清楚。教育发达而自由。荷兰政府在法律上保障教育自由，1848 年的《基本宪法》就明确规定了教育自由。法律规定：任何群体可以根据自己的宗教信仰来建立学校，政府不会干涉；政府每年投入大笔教育经费，5 至 18 岁的青少年免费接受义务教育，还可以从政府部门领到子女补助金。如果选择住校，所有费用也由政府支付，甚至连每星期来回学校的车费也由政府支付。荷兰实行全民保险，即便失业了，也可以领到 70％的保险金，折合人民币 5000 元，如果年龄超过 40 岁则可以全额享受保险金。医疗良好而完善。荷兰采取第三方购买的方式由保险公司与居民签署健康保障协议，政府向保险公司付费，而保险公司为居民购买医疗服务。同时，荷兰政府将预防保健和医疗机构有机分离，积极发挥各级医疗资源优势，合理配置资源，有效解决了"看病难、看病贵"现象。此外，荷兰实行全民医疗卫生保健，产妇在产前、产后和孩子出生后的护理全部免费。例如，荷兰生孩子，如果是顺产，24 小时后要求你出院，出院后，这个护理中心就派专门的护士每天上门来帮助你喂养孩子。养老贴心而周到。荷兰政府非常重视老年人的生活,因此荷兰也成了世界著名的长寿之国。在荷兰,设施完备、服务贴心周到的老年人活动中心、康复中心、养老院等比比皆是,精心提供"日托"和"住宿"服务,并有专人负责打扫卫生、生活照料,甚至有 24 小时值班人员随时提供所需服务。此外,老人院、托老所里的生活设施都非常完善,会客室、健身房、游泳馆、购物中心、服务中心等一应俱全,老年人活动也开办得精彩纷呈,老人们在里面生活非常开心、充实和幸福。

总体上看,民生幸福不仅关系到广大人民的利益,而且影响到国家治理的总体格局。从国际典型案例来看,保障和增进民生幸福已成为世界各国政府治理的价值追求①。在此过程中,注重法制建设,完善民生领域制度规范,改善公共服务,营造公平正义的社会环境,成为增进国民幸福的普遍措施。

第四节　中国民生幸福建设实践

民生问题是人民最关心、最直接、最现实的利益问题。积极回应与努力满足人民群众日益增长的民生诉求,着力解决现阶段乃至今后凸显出来的民生问题,不断提升人民幸福感,是当代中国民生幸福建设的实践任务和主要方向。

（一）中国民生实践的当代走向

新世纪以来,党和政府顺应人类社会发展规律,借鉴世界各国发展经验教训,着眼我国现代化建设战略全局,从实现中华民族伟大复兴的高度,提出加快推进以保障和改善民生为重点的社会建设的历史任务。胡锦涛反复强调:"必须在经济发

---

① 罗建文:《崇尚民生幸福是善治政府的价值追求》,《中国行政管理》2008 年第 1 期。

展的基础上,更加注重社会建设,着力保障和改善民生,推进社会体制改革,扩大公共服务,完善社会管理,促进社会公平正义,努力使全体人民学有所教、劳有所得、病有所医、老有所养、住有所居,推动建设和谐社会。"

从现实和操作层面看,围绕"五个有"的目标,当代中国民生问题的走向,呈现出从"关注生存"到"重视保障"再到"促进发展"由低到高的递进状态。首先,"关注生存"以解决民众基本的生计来源为指向,成为解决民生问题最基本最起码的要求。其中,衣食住行是民生问题的基础内容;扩大就业是解决民生问题的重要渠道;收入合理分配成为解决民生问题的关键。第二,"重视保障"主要是承认并尊重民众的民生权利,更大力度地改善民众的生存状态,其中加强社会保障是改善民生的重要依托,发展医疗卫生事业是改善民生的当务之急,维护安全稳定是改善民生的必要前提。第三,"促进发展"立足人的全面发展,以提升民众的生活质量为目标,在继续提高人民物质生活水平的同时,将满足教育、文化、民主权益等精神方面的需求摆上更加重要的位置。

党的十六大报告将社会建设目标具体表述为:"社会保障体系比较健全,社会就业比较充分,家庭财产普遍增加,人民过上更加富足的生活。"党的十六届四中全会明确提出了建设和谐社会的要求。党的十七大第一次把改善民生、推进社会建设作为一个独立部分写入党代会的报告。其中的重点至少有三:一是把"权为民所用、情为民所系、利为民所谋"作为解决民生问题的根本要求,始终以党和人民的事业为重,始终把人民群众的安危冷暖挂在心上,始终把实现好、维护好、发展好最广大人民的根本利益作为全部工作的出发点和落脚点,倾听群众呼声,为人民掌好权、用好权,关心群众疾苦,切实帮助群众解决实际困难，用人民赋予的权力服务于人民、造福于人民。二是以保障和改善民生为重点推进社会建设。社会建设的核心问题是维护社会公平正义，而加大力度保障和改善民生，扶持中低收入人群，救助困难群体，让全体人民共享改革发展成果是推动社会公平正义、构建和谐社会的基本条件。三是保障和改善民生是贯彻落实科学发展观的题中之义。科学发展观的第一要义是发展，基本要求是全面协调可持续，根本方法是统筹兼顾，这就要求妥善处理好各种利益关系，加强经济社会发展的薄弱环节，促进城乡统筹协调发展，促进社会各阶层群体平等全面发展。

党的十八大进一步提出，加强社会建设，必须以保障和改善民生为重点。要多谋民生之利，多解民生之忧，解决好人民最关心最直接最现实的利益问题，在学有所教、劳有所得、病有所医、老有所养、住有所居上持续取得新进展，努力让人民过上更好生活。可以这样理解，一方面，保障和改善民生是全面建成小康社会的必然要求。全面建成小康社会要求必须坚持经济建设、政治建设、文化建设、社会建设、生态文明建设五位一体的协调发展，特别是要着力解决好经济社会"一条腿长、一条腿短"问题，推进经济社会协调发展，发展社会事业和改善民生，确保到 2020 年全面建成发展改革成果真正惠及十几亿人口的小康社会，全面建成经济、政治、文化、社会、生态文明全面发展的小康社会，全面建成为实现社会主义现代化建设宏伟目标和中华民族伟大复兴奠定坚实基础的小康社会。另一方面，保障和改善民生是实现中国梦奋斗目标的重要保障。自古以来，人民生活的如何都是人们幸福与否的重要参照和指标，几千年来中华民族梦寐以求的幸福生活，往往与民生改善的诉求息息相关。中国梦的本质内涵就是指国家富强、民族振兴、人民幸福。可以看出,保障和改善民生,使人民过上幸福美满的生活,既是中国梦的核心内容,也是实现中国梦的重要保障。

党的十八届五中全会提出的共享发展理念,突出了人民主体地位,体现了"立党为公,执政为民"的施政理念,让民生福祉更加看得见摸得着。在具体内容上,进一步明确全面建成小康、城乡居民收入翻番的目标,从困难学生高中学杂费免除,全面放开二孩生育,提高技术工人工资,实施全民参保计划,实现职工基础养老金全国统筹,全面实施城乡居民大病保险制度,实施食品安全战略,深入实施大气、水、土壤污染防治行动计划等方面释放民生利好。特别强调,推进现行标准下农村贫困人口实现脱贫,贫困县全部摘帽,解决区域性整体贫困,使得包括贫困人口在内的更广大的人民群众都能感受到发展成果。

(二)幸福路上:民生幸福的案例与启示

1. 幸福广东

"幸福广东"最早是由 2011 年广东省委十届八次全会提出,其定义为:让民众幸福更给力更持久。此后,作为改革开放的领头羊和经济最发达省份之一,广东把"加快转型升级,建设幸福广东"作为发展目标,率先把建设"幸福广东"确立为"十二五"时期的核心任务,关注和保障民生,努力让广东人民生活得更加幸福,成为各级政府工作的出发点和落脚点。

(1)"幸福广东"的经验解读[①]

做大蛋糕与分好蛋糕。广东省委认为,"加快转型升级、建设幸福广东"要准确把握手段和目的之间的关系,既做大蛋糕,又分好蛋糕。如果说"建设幸福广东"是"分蛋糕"的话,"加快转型升级"就是"做蛋糕",是奠定"建设幸福广东"的物质基础。

---

① 汪洋:《重在全面理解　贵在持之以恒——再谈"加快转型升级、建设幸福广东"》,《南方日报》2011 年 3 月 18 日。

转型升级,就是要以尽可能低的成本去做高质量的"蛋糕",只有"蛋糕"又好又大,"建设幸福广东"才有良好的物质基础。广东省委强调,不能片面理解"加快转型升级、建设幸福广东",如果只强调"建设幸福广东"而不注意如何"加快转型升级","十二五"规划的目标任务就不可能实现,"建设幸福广东"也就成了无源之水,无本之木。

幸福广东重在"建设"。"十二五"期间,广东在合理调节收入差距方面积极实施富民计划,加大国民收入分配调整力度,努力提高居民收入在国民收入分配中的比重、劳动报酬在初次分配中的比重,推动居民收入普遍较快增长。一是加大财政对民生的投入力度,到 2020 年,广东将投入超过 2.4 万亿元,年均新增投入 292 亿元,推进基本公共服务均等化;二是稳步提高劳动者收入水平;三是合理调整收入分配关系,形成公正合理有序的收入分配格局,扭转城乡、区域、行业和社会成员之间收入分配差距扩大趋势;四是强化税收调节功能,完善垄断行业收入分配规则和监管机制,有效调节过高收入,努力扩大中等收入者比重;五是建立与经济发展相适应的最低工资标准调整机制,探索最低工资标准与职工年平均工资增长挂钩的长效机制,提高低收入者收入水平;六是大力推进扶贫开发"规划到户、责任到人"工作,确保 2012 年全省 70 多万被帮扶的贫困户基本实现稳定脱贫,80% 以上被帮扶的贫困人口达到人均纯收入 2500 元以上;七是加强对公民合法财产保护,严厉打击各种非法攫取社会财富的行为。"十二五"时期,广东将投入 2.38万亿元,重点建设六大工程:基础设施建设工程、现代产业建设工程、宜居城乡建设工程、绿色生态建设工程、民生保障建设工程、文化强省建设工程。

幸福广东是全面的幸福。幸福是人们对生活的追求和感受,内涵是很丰富的,既涵盖物质生活,也涵盖文化生活,以及社会生活和政治生活。幸福虽然是主观感受,但并不是空中幻影,而是有其实实在在的物质依托的。因此必须全面理解幸福广东,而不能孤立强调某个方面。如果过分强调幸福要有物质财富,或者过分强调幸福是主观感受,都容易出现问题。可以这么理解,物质财富的增加是提高幸福水平的重要因素,但不是幸福的全部。建设幸福广东,既要创造良好的物质基础,还要注重精神、文化以及社会关系等方面的提升,充分关注民众多层面的幸福诉求。

幸福广东的长期性和全民共建共享。建设幸福广东是一个与时俱进的长期的过程。幸福是与经济社会发展阶段和发展水平相适应的,随着经济社会的不断发展,幸福的标准也会不断变化,因而幸福永远是无穷尽的。建设幸福广东也是一个共建共享的过程。广大人民群众是建设幸福广东的主体,要动员全社会共同参与,共同创造幸福美好的生活。建设幸福广东应该是"共建共享","人人是创造幸福的主体,个个是享受幸福的对象","我为别人的幸福努力工作,别人为我的幸福创造条件","众手浇开幸福花"。

(2)"幸福广东"评价指标体系

2011年10月,广东省率先在全国出台了省级幸福指标体系,让幸福广东从此"摸得着,看得到"。幸福广东评价指标体系的评价方法有两种,分别是客观指标体系和主观指标体系。

客观指标体系名称为"建设幸福广东评价指标体系",突出推动各级政府围绕"建设幸福广东"改进有关工作,增强民生福祉,采用按区域分类进行差别化评价。具体包含两级指标,其中,一级指标按"就业和收入、教育和文化、医疗卫生和健康、社会保障、消费和住房、公用设施、社会安全、社会服务、权益保障、人居环境"十个方面设置,下设二级指标 49 个,包括共同指标 44 个,类别指标(地区独有指标)5 个。类别指标中,珠三角地区有 1 项,为"规范化幼儿园达标率";粤东西北地区有 4 项,分别为"高中阶段教育毛入学率"、"农村低收入住房困难户住房改造建设完成率"、"农村饮用水安全普及率"和"行政村通客运班车率"。客观指标部分将全省 21 个市按珠三角和粤东西北分为两类地区,并分别设置类别指标和差别权重。评价方法包括计算水平指数、发展指数和综合指数,正式测评同时公布三个指数的评价结果,既反映政府工作所取得的成绩,也反映政府工作变化的情况。

主观指标体系名称为"广东群众幸福感测评指标体系",主要是反映群众对幸福广东建设实现程度的感受,具体设置一个"对个人幸福程度总体评价"的总指标,一级指标设置"个人发展、生活质量、精神生活、社会环境、社会公平、政府服务、生态环境"七个方面,下设二级指标 35 个。主观指标体系采用统一的问卷评价方法,不实行分区域差别评价,通过委托广东调查总队开展问卷调查进行评价。评价方法采用五分法进行评价,即每道调查题目设置"很满意(100 分)、比较满意(80 分)、一般(60 分)、不太满意(40 分)、很不满意(0 分)"五个选项(还有一个"不清楚"的选项,不列入计算得分),并通过调查获得每个选项的得票率。以每个选项得票率为权重,通过加权平均得到每个题目的得分。

幸福广东评价指标体系在推动幸福广东建设中效果显著,也为幸福中国提供了区域样本。编制幸福指标体系,将抽象的"幸福"具体化、指标化,纳入政绩考核机制,一个最大的功效就是形成倒逼机制,确保老百姓的幸福变成真正的民心工程,通过幸福指数的确定让幸福广东的建设落到实处,而不是口头幸福、理论幸福。

2. 幸福江阴

江阴市是江苏省苏南地区一座现代化滨江港口花园城市，是全国经济社会发展走在前列的县级市，同时也是我国较早提出并在实践层面探索幸福都市建设的城市之一。江阴市通过"幸福江阴"的实践，在幸福社会的建设上迈出坚实脚步，通过 5 年的实践，2010 年度民意调查显示，95.87％的被调查者对作为江阴人感到自豪，97.13％的被调查者对建设幸福江阴充满信心，江阴百姓的主观幸福指数达到 87.44 分，连续五年稳步提升。[①]近几年，幸福江阴模式吸引了全国诸多城市前来"取经"，幸福江阴已经成为江苏，乃至全国幸福都市建设的示范和典型。

基于对江阴改革开放以来经济社会发展的成果与经验总结，特别是对发展目的、发展方式、发展战略等重大问题的慎重研究和思考，2006 年，中共江阴市第十一次党代会正式提出了"幸福江阴"建设的构想：建设幸福江阴就是要在关注物质财富增长的同时，更加注重人的全面发展，更加注重人民福祉的不断提升，更加注重人民群众幸福指数的不断增长，并将"幸福江阴"的内涵与目标概括为"五民五好"[②]：

一是以民生为本，力求个个都有好工作。在经济发展的基础上，使人各展所长、各得其所、各尽所能。实现充分就业、多路置业和自主创业，努力降低失业率。这是创造幸福生活的前提条件。

二是以民富为纲，力求家家都有好收入。努力增加城乡居

---

① 来自人民网：http://news.163.com/11/0227/08/6TSTJ44700014JB6.html.

② 朱民阳：《幸福江阴：科学发展观在江阴的实践与探索》，江苏人民出版社 2008 年版。

民收入，进一步缩小城乡居民收入差距、低收入者占比，完善社会保障体系，提高人民生活质量。这是人们追求幸福生活的物质基础。

三是以民享为先，力求处处都有好环境。更加注重社会的和谐稳定，更加注重生态环境的改善提升，更加注重人居环境的不断优化，全力打造宜人宜居宜商宜游的生态城市。这是人们对幸福生活满意度的直观反映。

四是以民安为基，力求天天都有好心情。突出以人为本，协调好社会各种利益关系，进一步加强精神文明建设和民主法制建设，着力提高人的素质，使人与人之间团结友爱、和睦共处、安居乐业。这是人们对幸福生活的主观感受和体验。

五是以民强为重，力求人人都有好身体。形成比较完善的医疗保障体系、国民教育体系和全民健身体系，科教文卫体各项社会事业相对发达，能满足人的需求，使人身心健康、全面发展。这是幸福生活的重要保证。

一直以来，对幸福、幸福感的量化考察都是幸福研究者、实践者的难题。2006年6月，江阴市提出建立"幸福江阴"综合评价指标体系，并作为幸福江阴建设的核心。其基本出发点是把市民幸福感涉及的所有领域的复杂关系简单化，用简化的指标获取尽可能多的评价信息，为全面掌握居民幸福感提供科学的判断依据。指标体系一经提出，立刻受到了国内外研究者的广泛关注。具体内容包括：

"幸福江阴"综合评价指标体系分为主观指标和客观指标两部分。客观评价指标占60%权重，围绕江阴提出的"五民五好"设定了5个子系统，共23个一级指标，14个二级指标，涵盖了社会保险、文化教育、环境保护、公共交通、医疗卫生等各个方面，以及市场经济在提供就业、消费、产业等方面的内容，由统计部门会同工作推进部门测算当年完成情况，计算出客观评价指标综合指数。主观评价指标占40％权重，重点设定了工作满意度、收入满意度、环境满意度、心情满意度、身体状况满意度等5个方面的指标，下设若干个二级指标，主要通过民意调查，重点反映市民的幸福感和满意度。每年由统计部门组织或委托民调机构通过随机抽选1200户左右居民进行问卷调查等获取评分。从"十二五"开始，江阴把幸福江阴的主客观指标权重调整为50％：50％，进一步突出主观感受的比重。

幸福江阴的主客观指标体系不仅重视对物质经济方面的评价，也重视对人们主观感受的评价，从内外两个层面提升居民幸福感。在双重指标的倒逼下，幸福江阴建设取得了令人赞叹的成绩。抽样调查数据显示，江阴居民的幸福感和满意度逐年提高，2007—2010年，幸福指数分别达到87.66、90.05、93.52和94.98分。

综合上述理论和实践，本书认为民生幸福建设与人民群众切身利益息息相关，事关民心向背。只有始终坚持实事求是的原则，将"加大力度"与"讲究科学"有机结合起来，才能使推进民生幸福建设的各项任务落到实处，才能使民生幸福看得见、摸得着、享受得到。推进民生幸福建设是一项长期任务，必须把握民生幸福建设的应然特征，使人民群众真正享受到民生幸福建设的成果。而民生幸福建设的应然特征最起码包括主体性、导向性、系统性、针对性等方面。

主体性。按照推进国家治理体系和治理能力现代化的要求，政府在民生幸福建设中应该发挥主导作用。民生幸福建设的发展要求强化政府在政策、规划、投入方面的职责，着力增强公共产品和服务的供给能力，为民生幸福创造良好环境。同时，随着市场经济的发展，强调鼓励和支持社会力量参与民生幸福建设,使得社会力量在公共事务中发挥的作用越来越大。当然,更为重要的是要充分发挥人民群众在推进民生幸福建设中的主体作用,真正做到人人参与、人人尽力、人人享有。人民群众是历史的创造者,任何时候都不能忽视人民群众的力量。人民群众既是民生幸福工程的受益者也是建设者,因此,民生幸福建设要调动人民群众的积极性,提高其主人翁意识,支持和保证人民通过人民代表大会行使国家权力,依法管理国家事务和社会事务、管理经济和文化事业,使其主动地投入到民生幸福建设中。教育引导人民群众树立正确的幸福观,自力更生、奋发图强,共同创造更加美好幸福的生活。

导向性。推进民生幸福建设,应该从笼统、全面的概念转向突出公平正义、权益尊严,更加强调人民群众的主观感受;应该从偏重理念、定性的过程向注重具体、定量的过程转变,使之成为相关负责实施的部门的明确目标,成为广大人民群众的现实期待;应该从"先生产后生活"转向通过民生幸福工程倒逼经济发展转型,促进社会和谐稳定,为经济持续较快发展创造不可缺少的前提和环境。在总体方向上,突出实现共同富裕,突出共建共享,努力使公共服务覆盖城乡、普惠于民,使改革发展成果体现在社会协调进步和人民生活水平提高上;在制度建设上,着力健全改善民生幸福的制度安排,加快构建"七个更"的制度体系,对保障和改善民生幸福进行系统化设计、制度化安排、规范化建设、长效化推进,为保障民生体系的统一、协调、高效运转提供有力的制度保证。

系统性。全面建成小康社会、全面深化改革、全面依法治国、全面从严治党已构成系统性的理论形态,成为对党和国家各项工作具有指导意义的战略思想。民生幸福建设,应该在"四个全面"战略布局中找准定位,使其与中央的要求相适应、与"十三五"规划相衔接,做到在经济社会发展大局中统筹谋划。既要立足当前办好实事,又要着眼根本构建体系,将整合现有政策、加大执行力度与改革创新、务求突破结合起来,统筹考虑基本公共服务体系的各个主要方面,加强科学规划和整体设计,增强保障和改善民生体系的完整性、系统性、协调性。

针对性。民生幸福建设涉及面非常广泛,民生建设不是泛泛而指,应该聚焦人民最关心最直接最现实的利益问题,更加关注弱势群体的发展机会与能力。着力解决人民群众最关心的利益问题,有利于较快地提升人民群众对民生幸福建设的获得感,增强人民群众对民生幸福建设的信心;同时,关注弱势群体——最需要帮助的群体,最先解决好其存在的问题,能够使民生幸福建设的效益达到最大化,有利于促进社会公平正义。从基本民生需求保障程度来审视,就是要着力提高改善民生的普惠性和针对性。进一步完善基本公共服务网络,扩大有效供给,提高服务能力,逐步调高保障标准,稳步推进基本公共服务均等化。围绕保障困难群众的基本生活,做好扶贫济困工作,实施分类扶助、精准施策,把"雪中送炭"的事情做得实而又实。

第二章
民生幸福之江苏实践：实施民生幸福工程

民惟邦本，本固邦宁。民生问题是一个古老而又常新的问题，也是中国共产党不懈探索和致力解决的重大问题。江苏省民生幸福建设是在中国共产党坚持与时俱进，为解决民生问题进行了不懈的理论思考和实践探索的大背景下进行的。江苏省认真贯彻中央决策部署，牢牢抓住发展第一要务，着力多办民生实事，完善体制机制，实施民生幸福工程，取得了显著成效。

第一节　江苏民生幸福建设的主要成就

改革开放以来，江苏省坚持以人为本、保障基本，面向特困群体着力编牢最低生活保障、大病救助等基本生活的"网底"，逐渐满足包括基本收入、基本教育、基本医疗、基本养老、基本住房等在内的群众基本需要。特别是进入新世纪以来，全省终身教育、就业服务、社会保障、基本医疗卫生、住房保障、养老服务等民生六大体系建设工作取得了积极进展。

一、收入水平显著提高

伴随着经济社会的快速发展，江苏城乡居民收入水平大幅提高。城镇居民收入由 1978 年的 288 元迅速提高到 2014 年的 34346 元,实现了三次历史性跨越,即 1987 年达到千元级,2004 年突破万元大关,2013 年超过 3 万元。在收入水平不断跃升的同时,江苏城镇居民消费结构明显优化,百姓生活由改革开放之初的拮据型逐渐向温饱、发展型方向转变,城镇居民的人均消费支出由 1978 年的 276 元大幅度提高到 2014 年的 20371 元 (年均增长 12.8%),恩格尔系数则从 1978 年的 0.551 下降到 2014 年的 0.347,城镇居民生活改善有了质的飞跃。与此同时,农民收入水平不断提高。1984 年江苏农民人均纯收入达 448 元,比 1978 年增长 1.9 倍,年递增 19.3%,6 年间增加 293 元,平均每年增加 49 元。到 1984 年多数农民已摆脱贫困,过上了温饱生活。1992 年后,随着中央"增粮增收保供给,脱贫致富奔小康"发展战略的实施,1992—1996 年 5 年间农民收入连上三个千元台阶,到 1996 年,江苏农民人均纯收入已达 3029 元。自 1997 年始,农民人均纯收入增长率从 1996 年的 23.3%迅速回落到 1997 年 7.9%,随后逐年徘徊,到 2003 年增长率也仅为 6.1%,出现了农民收入增幅明显减缓的局面。2004 年,《中共中央国务院关于促进农民增加收入若干政策的意见》的实施,拓宽了农民就业渠道,取消了农业税和农产品特产税,落实了种粮补贴、良种补贴、农机补贴等一系列惠农、支农政策,大大减轻了农民负担,广泛地调动了农民生产积极性,农民收入增速明显加快,2014 年农村居民人均纯收入达 14958 元。

二、教育事业快速发展

江苏坚持把教育放在优先发展的战略地位,努力建设教育强省和人才强省。从 1977 年恢复高考制度,到 1986 年开始实施义务教育,1996 年加快发展高等教育,2005 年建立农村义务教育保障机制,2007 年全省农村义务教育阶段学生免除课本费等一系列教育制度的变革,促进了教育事业的发展。尤其是新世纪以来,江苏省教育的普及率、均衡化和优质化水平大幅度提高,教育的整体水平和综合实力居于全国前列,基本形成结构合理、规模协调、质量明显提高的可持续发展的国民教育体系,人才资源的数量和质量在全国保持领先水平。自 1996 年开始,江苏全省普通高等学校从 1995 年的 67 所增加到 2014 年的 137 所;普通高校本专科年招生数从 1995 年的 7.13 万人增加到 2014 年的 185 万人;高等学校数、在校生人数均居全国前列。基础教育和中等教育健康发展,江苏教育事业在 1996 年率先实现"两基"的基础上,各级各类教育步入跨越式发展的轨道。义务教育率先向高水平高质量迈进,各项指标走在全国前列。小学学龄儿童入学率、小学毕业生升学率至 2014 年已达到 100%;初中毕业生升学率由 1978 年的 42.3% 提升为 2014 年的 99.1%;高中阶段教育向全面普及迈进;高等教育毛入学率达 51%。

三、就业发展态势良好

改革开放以来,江苏就业总量保持稳定增长态势,就业水平一直保持在较高水平。1978 年末,全省就业人口 2777.72 万人,占总人口的比重为 47.61%。1978 年至 2012 年间,随着全省总人口的增加,劳动适龄人口规模不断扩大,加上经济保持较快发展,全省就业规模也随之不断扩大。党的十八大以来,江苏省实行更加有利于促进就业的产业、贸易、财政、税收、金融等政策措施,发挥政府投资和重大项目带动就业的作用,采取措施减轻企业负担,切实保障劳动者合法权益,促进了就业形势的稳定。至 2014 年末,全省就业总量达 4670.83 万人,第一产业就业人口 918.84 万人,第二产业就业人口 2047.16 万人,第三产业就业人口 1794.83 万人。城镇地区就业人口 3029.46 万人,新增城镇就业人数 541.8 万人,城镇登记失业率 3.01%。

四、社会保障机制逐步完善

江苏省加快完善覆盖城乡的社会保障体系,大力实施制度完善、全民覆盖、待遇提升、优质服务四项计划,合并实施城乡居民社会养老保险制度,启动居民大病保险试点,突出抓好重点人员参保,稳步提高保障待遇水平。一是参保覆盖范围持续扩大。2014 年,城乡基本养老保险覆盖率为 96.95%,超过"十二五"规划目标值 1.95 个百分点。城乡基本医疗保险覆盖率 97.05%,超过"十二五"规划目标值 2.05 个百分点。失业保险覆盖率 97.95%,超过"十二五"规划目标值 2.95 个百分点。工伤保险参保人数 1540.11 万人,比 2010 年末增加 334.59 万人。生育保险参保人数 1374.56 万人,比 2010 年末增加 288.12 万人。居民医保基本实现全覆盖,被征地农民社会保障参保率达 99.88%,超过"十二五"规划目标值 4.88 个百分点。新型农村合作医疗政策范围内住院报销率稳步提升,比 2012 年提高 0.9 个百分点,完成时序进度。二是保障水平稳步提高。2014 年调整后全省企业退休人员月人均养老金水平达到 2236 元,较上年增幅超过 10%。稳步提高城乡居民基本养老保险。基础养老金最低标准,2014 年提高后已经达到 90 元。城镇职工医保、居民医保政策范围内住院费用报销比例分别达到 84.8%、72%,城乡居民医保财政补助年人均标准提高到 320 元。工伤保险定期待遇平均增长 10% 以上。三是制度机制建设不断完善。全面整合新型农村养老保险和城镇居民基本养老保险制度,建成城乡一体的居民基本养老保险制度。全面实施城乡居民大病保险制度,建立医疗保险特殊药品谈判机制,切实减轻重特大疾病患者医疗费用负担。建立健全基本养老保险关系转移衔接机制,实现参保人员跨地区、跨制度流动,养老保障权益可累加计算。建立健全与居民收入增长相适应的城镇居民医保筹资机制和财政补助增长机制。四是经办服务水平显著优化。在五级服务网络全覆盖的基础上,注重加强整体规划和资源整合,以发放统一的社会保障卡为依托,积极开展"电子社保"建设试点,加强网上社会保险办事大厅建设,推进业务协同联动和跨地区服务。至 2014 年底,全省统一的社会保障卡持卡人数达 4290 万人,实现城镇职工和居民医保省级异地就医结算平台与 13 个省辖市市区实时联网,城乡居民基本养老保险参保农民"四个不出村"便民服务基本实现全覆盖。五是城乡居民低保标准逐年上调。根据全省低保标准自然增长机制,城乡低保标准继续逐年提高,推进了社会公平建设和惠民政策城乡统筹的进程。其中,城市最低生活保障标准占当地上年度城市居民人均可支配收入比例为 20%。农村最低生活保障标准增长幅度与当地上年度农民人均纯收入增长幅度之比为1.1。

五、卫生事业成效显著

江苏把建立适应新形势的卫生服务体系和医疗保健体系、改善农村医疗卫生状况、提高城乡居民的医疗保健水平及全民族的健康素质作为重要目标,卫生改革与发展取得突破性进展,卫生资源、医疗服务能力和人民群众健康水平全国领先。在卫生服务能力方面,2014 年,全省卫生机构总数(含诊所、医务室、卫生所、社区卫生服务站)比 1978 年净增 22723 个;卫生机构床位总数 392293 张,比 1978 年净增 27 万张,增长 1.71 倍;卫生技术人员 45.9 万人,比 1978 年净增 31 万人,增长 1.83 倍。每万人拥有医师数由 1978 年的 9.7 人增至 2014 年的 22.4 人。在公共卫生服务水平方面,江苏省自 2003 年"非典"到 2007 年底,累计投入 31.3 亿元,基本建成疾病预防控制体系、突发公共事件医疗救治体系;2009 年起免费为群众提供 3 类 8 项基本公共卫生服务项目,到 2014 年增加到 11 类 43 项。在群众健康状况方面,2014 年底,江苏全省法定报告甲、乙类传染病发病数为 200.77/10 万,连续多年成为全国发病率最低的省份之一。全省人均期望寿命由 2001 年的 74.13 岁提高到 2010 年的 76.63 岁,预计 2015 年将达到 77 岁;孕产妇和婴儿死亡率持续下降,到 2014 年分别下降至 4.65/10 万、3.36‰,实现了联合国千年发展目标中关于健康的指标。

六、保障性住房建设量质并举

江苏省积极围绕扩大住房保障覆盖面和提高保障水平,发展公共租赁住房,协调推进廉租住房、经济适用住房建设,形成多渠道、多形式解决群众住房困难的住房保障体系,推动江苏住房保障工作继续走在全国前列。一是加快保障性住房建设进度。2011 年到 2014 年末,江苏共完成保障性安居工程建设任务 132.2 万套,完成"十二五"规划目标值的 95%。二是稳步扩大住房保障覆盖范围。到 2014 年末,城镇保障性住房覆盖率达到 18.3%,比 2013 年提高 3.2 个百分点。实施棚户区(危旧房)改造新一轮规划,覆盖率达 72.68%,比上年提高 12.6 个百分点。三是全面实现年度目标任务。2014 年,新增保障性住房 27.75 万套,完成率为 106.7%,基本建成 25.56 万套,完成率为 111.12%。

七、养老服务水平提高

党的十八大以来,江苏以养老服务为重点,加快建立适度普惠型社会福利制度;完善和落实居家养老扶持政策,加快养老服务基础设施建设,鼓励老年人依托社区服务居家养老。一是养老保障水平逐年提高。调整全省企业退休人员基本养老金,2014 年全省企业退休人员月平均养老金 2027 元,比上年提高 212 元,全部按时足额发放。2014 年末累计有 528.6 万企业退休人员纳入社区管理,占企业退休人员总数的 95.4%。全年共 432.5 万名企业退休人员接受免费健康体检,周期体检率81.8%。二是社会养老服务逐步规范。2014 年全省养老护理员持证上岗人数达 23556 人,持证上岗率为 77.0%,五保供养服务机构事业单位法人登记率逐步提高,进展良好,登记率已达90%,比 2013 年提高 11 个百分点,完成时序进度。每千名老人拥有各类养老床位数为 35 张,完成时序进度。三是以社区为依托、机构为支撑促养老事业发展。到 2014 年全省建立城市社区(村)居家养老服务中心 6952 个,已达“十二五”规划目标值。建立农村社区(村)居家养老服务中心 11237 个,覆盖率为77.8%。建立虚拟养老院(含居家呼叫服务系统)95 个。

第二节 江苏民生幸福建设的基本经验

在广大人民群众生活水平持续改善的过程中,江苏民生幸福建设积累了宝贵的经验。总的来说,就是把改善民生的执政理念具体化为政府的方针政策,转化为民生建设实践,拓展工作内涵,不断深化改革,加大投入力度,提升服务水平。

一、坚持提升理念、与时俱进

江苏省第十次党代会将原先的"强省富民"目标改为"富民强省"，要求"以富民强省、率先基本实现现代化总揽全局"，提出"在全省现代化建设的进程中，必须始终把'富民强省'放在核心的位置"，突出的是改善人民生活。2006 年，江苏省第十一次党代会进一步提出，"坚持把富民作为优先发展目标，加快提高江苏人民生活水平"。在政策取向上，不但继续促进人民群众经济收入的增加和物质上的富裕，而且致力于满足群众对教育、卫生、就业和社会保障等公共服务和产品的需求；不但强调物质生活水平的提高，而且开始关注并促进人的全面进步与发展，使民生的内涵进一步丰富拓展。2008 年 7 月，江苏省委、省政府出台了《关于切实加强民生工作若干问题的决定》，努力让温暖守望着每一个贫困生成长，让零就业家庭至少有一人捧上稳定的"饭碗"，让农村居民就医"小病不出村镇"，让新型农村养老保险制度惠及广大农民，让城市所有住房困难家庭"住有所居"，让城乡困难家庭的基本生活有保障。2011 年江苏省第十二次党代会强调，把增加收入作为民生幸福的重要基础，千方百计增加城乡居民尤其是中低收入者收入，确保实现收入倍增计划。2011 年 8 月，江苏在全国率先以省委省政府文件的形式出台《关于大力推进民生幸福工程的意见》，把实施"居民收入倍增计划"作为最大的民生实事，以构建终身教育体系、就业服务体系、社会保障体系、基本医药卫生体系、住房保障体系、养老服务体系"六大体系"为保障，努力做到发展为了人民，发展依靠人民，发展成果由人民共享。"普惠共享"理念的形成，标志着江苏将民生建设摆在了构建社会主义和谐社会的重要位置，并且采取"系统化解决，制度化安排，长效化推进，项目化落实"的方式全面改善民生。2014年9月,江苏省把握民生工作新趋势新要求,出台《关于深入推进民生幸福工程的若干意见》,强调"全覆盖、保基本、多层次、可持续",以改革为动力推动民生幸福工程不断深化和拓展,在解决重点问题方面,对教改、医改、养老服务业等提出要求;在保障重点群体方面,对困难群众救助、大学生就业等予以优先考虑;在抓好重点地区方面,厘清地方政府保基本职责,完善省级财政转移支付机制,确保经济薄弱地区财力可承受、工程建设可持续;在制度建设方面,着眼长远建立健全民生法规制度,加快形成更加定型、更加成熟的制度性安排,切实把民生建设纳入制度化、规范化、法治化轨道,给广大群众以稳定的民生预期,不断提升人民的幸福感和满意度。

二、坚持丰富内涵、优化布局

民生与时代发展同步,其内涵也在不断拓展。江苏贯彻落实党中央关于民生工作的一系列决策部署,按照"学有所教,劳有所得,病有所医,老有所养,住有所居"的要求,明确提出了解决民生基本问题的对策,特别注重建立以权利公平、机会公平、规则公平为主要内容的社会保障体系,努力营造公平的社会环境。党的十八大后,江苏根据建设"新江苏"的内涵要求,深入理解民生改善与"新江苏"建设的内在关系与理论逻辑,进一步明确民生建设的主要内容与发展方向。在工作内涵上,把"经济强"作为民生保障的物质基础,注重加快经济发展,努力通过有质量的经济发展提供有品质的民生保障,通过有品质的民生提升民众的幸福感。把"百姓富"作为民生改善的直接标志,落实"七个更"的要求,即更好的教育、更稳定的工作、更满意的收入、更可靠的社会保障、更高水平的医疗卫生服务、更舒适的居住条件、更优美的环境,让人民更多更公平地共享改革发展成果,实现物质生活富足、精神生活丰富。把"环境美"作为民生福祉的重要内容,坚持节约资源和保护环境的基本国策,大力实施生态文明建设工程,走生态文明之路,深入推进节能减排行动、绿色增长行动、碧水蓝天宜居行动、植树造林行动、生态保护与建设行动、生态示范创建行动,促进人和自然和谐共生。把"社会文明程度高"作为民生发展水平的集中体现,持续推进公共文化建设,尊重人的权益,关注社会文明,让社会文明成果最大限度地惠及人民群众,用人文的情怀关怀人、疏导人、引导人,丰富人们的精神文化生活,为构建社会主义和谐社会提供良好的人文环境保证。

三、坚持深化改革、激发动力

改善民生是确保人民群众拥护改革、确保改革成功的关键所在,是我国推进中国特色社会主义改革开放事业的出发点和归宿点。保障改善民生和促进共同富裕,是江苏经济社会发展的目的和方向。随着我国施政理念上逐步从"经济本位"向"民生本位"回归,江苏省以转变政府职能为核心,注重发挥市场在资源配置中的决定性作用,更好发挥政府作用;加大政府向市场、向社会、向基层放权的力度,推动政府职能向创造良好发展环境、提供优质服务、维护社会公平正义转变;更加注重民生建设的系统性、整体性、协同性,在收入分配制度改革、教育领域综合改革、医药卫生体制改革、就业创业体制改革、社会保障制度改革、住房保障制度改革、养老服务体制改革等方面,进一步明确目标任务和关键举措,形成较为系统的制度机制保障,激发民生幸福工作的活力,不断提高民生工作制度化规范化水平。

四、坚持加大投入、保障服务

中国现阶段需要做的事情很多,必须坚持底线民生优先、基础民生优先,确保同经济发展水准以及财政收入水准相适应的改善民生的公共资金,努力提高资金的使用效率。近些年来,江苏始终把保障和改善民生摆在突出位置,每年由省政府公布年度十件民生实事,加大财力投入,不断优化财政支出结构,逐年加大对"三农"、教育、医疗卫生、社会保障和就业、保障性安居工程以及欠发达地区的投入力度,重点向基层、农村、边远地区和困难群体倾斜,有效构筑起民生财政,将省级财政支出的70%用于民生和各项社会事业。调整优化财政支出结构,建立民生财政支出持续稳步增长的长效机制,切实增强各级财政特别是县级财政对民生的保障能力。进一步划分省市县级政府在民生领域的事权和相应支出责任,继续加大财力下倾力度,完善财政转移支付制度,整合规范专项转移支付项目,逐步取消竞争性领域专项资金配套。在工作中,把推进基本公共服务均等化作为主攻方向。按照城乡统筹、区域协调的要求,着力解决重点问题,着力保障重点群体,着力抓好重点地区,努力促进基本公共服务资源在城乡之间均衡配置、基本公共服务制度在区域之间有机衔接,进一步解决好供给不足、服务不均、效率不高、机制不活等问题。紧紧围绕提高效率、增加供给,充分发挥市场和社会组织作用,拓宽民生建设资金来源,努力形成政府主导的多元投入机制。

第三节　江苏民生幸福建设的实证研究

民生幸福属于心理学和社会学中主观幸福感范畴,是人们

对其生活质量所做的情感性和认知性的整体评价，是反映生活质量的重要综合性指标，是人们的一种主观情感。因此，研究江苏居民主观幸福感的影响因素，弄清各因素对江苏居民主观幸福感的影响方向和影响程度，对提升江苏居民主观幸福感具有重要意义。本节从民生幸福感产生机制出发，通过对中国综合社会调查（CGSS2013）数据的实证分析，主要从收入、健康、教育程度等角度探讨江苏民生幸福感的影响机制，进而对江苏省现阶段民生幸福建设状况进行实证分析，旨在为促进江苏民生幸福提供政策参考。

一、研究基础

许多研究表明，收入与幸福感有显著的正向关系。伊斯特林（Easterlin，1974）却认为收入水平提高不一定能够增加幸福感。他利用相关数据研究发现，虽然二战以后美国人民个人收入显著提高了，但是他们的幸福感却没有相应地增加，这就是著名的"伊斯特林悖论"。关于伊斯特林悖论，学者们也给出如下几种解释：第一种认为幸福感不仅受收入因素影响，其他非收入因素也会对幸福感产生重要影响，如家庭、劳动时间等，非收入因素负的作用会在一定程度上抵消收入因素正的作用；第二种认为收入因素主要是相对收入对影响幸福感产生主要影响，影响幸福感的并不是收入本身，而是每个人自我预期或者与其他人收入的比较，总收入水平的提高并不一定意味着相对收入水平的提高，因此总收入增加幸福感反而下降；第三种认为人们对收入的提高有一个适应过程，因此当收入提高时短期内幸福感不会发生显著变化。虽然近几十年来，国内外关于收入与幸福感之间的关系至今没有一个普遍认可的结论，但是，不可否认，收入是幸福感的重要经济基础，是产生幸福感不可缺少的因素。

关于健康和幸福感之间的相关关系，研究较少，且仍存争议。有学者通过研究发现，健康与主观幸福感显著正相关，较好的身体健康状况能够增加幸福感，相反健康状况越差，幸福感就越低，这样的结果也比较符合现实预期。也有学者指出，健康不能单独作为解释变量，只能作为社会因素和幸福感的中介变量，但也有不少研究指出健康是决定主观幸福感的主要因素。另有研究表明，随着年龄的增长，人们对幸福感标准降低，因此年龄越大越容易感到幸福，而女性样本自我报告的幸福感程度中，其幸福感的自我报告数值会高于男性样本；受教育水平的提高能够促进幸福感水平的提升。

二、数据来源

本节所采用的数据来源于 2013 年中国综合社会调查（CGSS2013）项目的调查数据。该调查由中国人民大学社会学系与香港科技大学社会科学部合作主持，在全国范围内抽取了 100 个县（区），在每个抽中的县（区），随机抽取 4 个居委会或村委会；在每个居委会或村委会又计划调查 25 个家庭，然后在每个被选中的家庭中按一定规则随机选取 1 人作为被访者，由访问员手持问卷对该被访者进行调查。整个入户调查工作在 2013 年 10—12 月份进行。样本覆盖了全国 480 个村/居委会，总样本量为 11438 户。去除缺失值和异常值，共有有效样本 9366 户，有效率为 81.88％，其中江苏省有效样本数为 462 户。

（一）模型设定

为了探讨分析民生幸福的影响机制，本文将采用多元回归模型和交互分析相结合的方法进行分析。其中，多元回归实证模型如下：

$$Y = \beta_0 + \beta_1 X_1 + \beta_2 X_2 + \beta_3 X_3 + \beta_4 X_4 + \beta_5 X_5 + \beta_6 X_6 + \varepsilon$$

其中,Y 为被解释变量民生幸福(Subjective Well-Being),X_1 是收入变量,X_2、X_3 是健康变量(X_2 是身体健康变量,X_3 是心理健康变量),X_4 是年龄变量,X_5 是性别变量,X_6 是受教育程度变量;β_0 代表常数项,β_n 则分别代表解释变量对被解释变量的影响系数,ε 为服从标准正态分布的随机扰动项。

(二) 变量

1. 被解释变量

这里的被解释变量是民生幸福,民生幸福是一种主观幸福感。心理学范畴的个人主观幸福感,其主要由情感(包括积极情感和消极情感)和认知两部分组成。在 CGSS2013 的调查问卷中,我们用"总的来说,您觉得您的生活是否幸福"这一问题来表现受访者的主观幸福感。其答案选项分别有"非常不幸福"、"不幸福"、"一般"、"幸福"以及"非常幸福"五个层次,分别用 1—5 赋值。取值越大,说明受访者主观幸福感越强,对生活幸福自我感知的程度也越强烈。

如表 2-1 所示,江苏受访者中,受访者非常不幸福的比例为 0.87%,不幸福的比例为 5.41%,一般的比例为 13.20%,幸福的比例为 64.70%,非常幸福的比例为 16.45%,其中比例最高的是"幸福",比例最低的是"非常不幸福"。从频数分布来看,江苏居民的幸福感比较高。就全国数据来看,比例分布大致相同,因此江苏在"民生幸福"这一问题中,与全国的差异并不明显。

表 2-1　民生幸福描述分析

	民生幸福				
	非常不幸福%	不幸福%	一般%	幸福%	非常幸福%
江苏	0.87	5.41	13.2	64.7	16.45
全国	1.51	7.16	18.11	59.42	13.81

2. 解释变量

（1）收入

收入是目前民生幸福影响机制研究中普遍关注的社会因素。由于绝大多数受访者已婚（江苏 95.24％；全国 94.26％），因此，这里以受访者的家庭年收入作为测量指标来分析收入对幸福感的影响机制。

家庭收入以家庭总收入作为标准，衡量整个家庭的经济发展水平。在 CGSS2013 的调查数据中，家庭收入为定距变量，为方便对家庭收入变量的描述性统计分析，我们将其变为定序数据，并分为 1 万元以内、1 万—2 万、2 万—3 万、3 万—4 万、4 万以上五个层次。从表 2-2 中我们可以看出，江苏省样本中家庭收入在 1 万元以内的比例为 8.44％，1 万—2 万之间的比例为 7.36％，2 万—3 万的比例为 9.52％，3 万—4 万的比例为 9.09％，4 万以上的比例为 65.58％；全国样本中，家庭收入在 1 万元以内的比例为14.04％，1 万—2 万之间的比例为 13.35％，2 万—3 万的比例为 13.70％，3 万—4 万的比例为 10.79％，4 万以上的比例为 48.13％。江苏受访者家庭收入明显高于全国样本，因此无论从数据和还是实践经验，我们都可以得出江苏的经济发展水平明显高于全国的平均发展水平。

表 2-2　家庭收入描述分析

家庭收入				
1 万以内％	1 万—2 万％	2 万—3 万％	3 万—4 万％	4 万以上％
江苏	8.44	7.36	9.52	9.09	65.58
全国	14.04	13.35	13.7	10.79	48.13

（2）健康

健康变量是影响幸福感的重要因素之一。在健康的测量方面，大多采用身体健康和心理健康相结合的方法。本文拟结合身体和心理两个维度的测量来评估受访者的健康状况，具体为"你觉得你目前的身体健康状况是怎样"和"在过去的四周中，你感到心情抑郁和沮丧的频繁程度是怎样"两个问题，均为调查者的自评健康。

在身体健康方面，江苏样本中，很不健康的比例为 1.30%，比较不健康的比例为 10.82%，一般的比例为 12.77%，比较健康的比例为 37.45%，很健康的比例为 37.66%；全国样本中，很不健康的比例为 2.78%，比较不健康的比例为 13.26%，一般的比例为 19.03%，比较健康的比例为 38.63%，很健康的比例为 26.30%。整体看来，江苏与全国的频数分布差异较小，健康人口占绝大多数。具体描述请见表 2-3。

表 2-3　身体健康描述分析

身体健康				
	很不健康%	比较不健康%	一般%	比较健康%	很健康%
江苏	1.3	10.82	12.77	37.45	37.66
全国	2.78	13.26	19.03	38.63	26.3

在 CGSS2013 的调查问卷中，我们用"在过去的四周，你感到心情抑郁或沮丧的频繁程度"这一问题来表现受访者的心理健康。其答案选项分别有"总是"、"经常"、"有时"、"很少"以及"从不"五个层次，分别用 1—5 赋值。取值越大，说明受访者心情越愉悦，心理健康越高。如表 2-4 所示，在江苏样本中，"总是"的比例为 1.52%，"经常"的比例为 5.41%，"有时"的比例为 17.32%，"很少"的比例为 39.61%，"从不"的比例为 36.15%；全国样本中，"总是"的比例为 0.97%，"经常"的比例为 6.80%，"有时"的比例为 19.83%，"很少"的比例为 40.22%，"从不"的比例为 32.18%。整体看来，江苏与全国的频数分布差异较小，心理健康的受访者占绝大多数。

表 2 - 4　心理健康描述分析

心理健康					
	总是%	经常%	有时%	很少%	从不%
江苏	1.52	5.41	17.32	39.61	36.15
全国	0.97	6.8	19.83	40.22	32.18

（3）性别

如表 2 - 5 所示,受访者中,就江苏省来讲,男性占 56.28%,女性占43.72%,比例相差 12.56%;就全国来讲,男性样本同样是高于女性样本,但是比例仅相差 3.34%,可见在户籍分布上,江苏人口男女分布更为不均衡。

表 2 - 5　性别状况描述分析

性别		
	男性%	女性%
江苏	56.28	43.72
全国	51.67	48.33

（4）年龄

根据人类寿命的延长,我们将年龄划分为 4 个等级,分别为青年(18—44 岁)、中年(45—59 岁)、老年(60—89 岁)和高龄(90 岁以上),这一划分对于人类的生理和心理发展具有积极意义。在江苏与全国的对比中,18—44 年龄段、45—59 年龄段和60—89 年龄段比例大致相同,但是江苏 90 岁以上样本占0.87%,全国 90 岁以上样本占 0.25%,可见江苏人口高龄化趋势比较明显。

（5）教育

教育方面,根据受访者学历,我们将就业状况划分为高中以下、高中、大学本科、研究生以上四个等级。如表 2 - 7 所示,整体上说,江苏样本与全国样本学历程度相近,但是江苏省高学历样本更多,江苏样本中大学本科以上学历样本占了19.48％,而全国的比例为16.17％,相差3.31,可见江苏省整体科技知识水平在全国处于前列。

表 2-6 年龄状况描述分析

年龄状况				
	18—44 岁％	45—59 岁％	60—89 岁％	90 岁以上％
江苏	41.34	28.57	29.22	0.87
全国	37.5	30.37	31.46	0.25

表 2-7 教育状况描述分析

教育状况				
	高中以下％	高中％	大学本科％	研究生及以上％
江苏	60.82	19.7	18.61	0.87
全国	64.88	18.74	15.39	0.78

三、实证分析与结论

(一)交互分析

1. 家庭收入与民生幸福的交互分析

家庭收入和民生幸福的交互分析中,卡方值45.378,自由度16,P 值0.000($<$0.05),可见不同家庭总收入的人的幸福感有显著差别。非常幸福的受访者中,比例最高的是收入在 4 万元以上的,占比65.5％,收入小于 1 万的居民感到很快乐的比例仅为5.3％;选择幸福的受访者中,比例最高的同样是收入在4 万元以上的,比例为75％,由此可见,家庭收入越高,民生幸福感越强,收入越低,民生幸福感越低,这一结论也比较符合现实预期。

表 2-8　家庭收入与民生幸福的交互分析

民生幸福	家庭收入				
	1万以内	1万—2万	2万—3万	3万—4万	4万以上
非常不幸福	2	0	1	1	0
	—50%	0%	—25%	—25%	0%
不幸福	5	6	2	4	8
	—20%	—24%	—8%	—16%	—32%
一般	6	5	10	6	34
	—9.80%	—8.20%	—16%	—9.80%	—55.70%
幸福	22	22	26	22	204
	—7.40%	—7.40%	—8.80%	—7.40%	—68.90%
非常幸福	4	1	5	9	57
	—5.30%	—1.30%	—6.60%	—11.80%	—75%
合计	39	34	44	42	303
	—8.40%	—7.40%	—9.50%	—9.10%	—65.50%

卡方=45.378　　df=16　　P=0.000

2. 身体健康与民生幸福的交互分析

身体健康和民生幸福的交互分析中,卡方值 126.590,自由度 16,P 值 0.000($<$0.05),通过显著性检验,不同健康状况的人的幸福感有显著差别。在一般、幸福和非常幸福选项中,比例最高的是"比较健康"、"很健康"的受访者;在不幸福选项中,比例最高的是"不健康"的受访者;在非常不幸福选项中,比例最高的是"很不健康"的受访者。可见,身体越健康的居民民生幸福感越强,相反,身体不健康,会降低民生幸福感。

表 2 – 9 身体健康与民生幸福的交互分析

民生幸福	身体健康				
	很不健康	不健康	一般	比较健康	很健康
非常不幸福	2	0	0	1	1
	−50%	0%	0%	−25%	−25%
不幸福	1	11	5	3	5
	−4%	−44%	−20%	−12%	−20%
一般	1	8	11	20	21
	−1.60%	−13.10%	−18%	−32.80%	−34.40%
幸福	1	26	38	124	107
	−0.30%	−8.80%	−12.80%	−41.90%	−36.10%
非常幸福	1	4	5	26	40
	−1.30%	−5.30%	−6.60%	−34.20%	−52.60%
合计	6	50	59	173	174
	−1.30%	−10.80%	−12.80%	−37.40%	−37.70%

卡方$=126.590$ $df=16$ $P=0.000$

3. 心理健康与民生幸福的交互分析

心理健康和民生幸福的交互分析中,卡方值 143.640,自由度 16,P 值 0.000(<0.05),通过显著性检验,不同心理健康的人的幸福水平有显著差异。在一般、幸福和非常幸福选项中,比例最高的是"比较健康"、"很健康"的受访者;在不幸福和非常不幸福选项中,比例最高的是"不健康"的受访者。可见,心理越健康的居民民生幸福感越强,相反,心理不健康,会降低民生幸福感。

表 2-10 心理健康与民生幸福的交互分析

民生幸福	心理健康				
	很不健康	不健康	一般	比较健康	很健康
非常不幸福	1	2	0	0	1
	−25%	−50%	0%	0%	−25%
不幸福	2	10	7	2	4
	−8%	−40%	−28%	−8%	−16%
一般	0	4	17	20	20
	0%	−6.60%	−27.90%	−32.80%	−32.80%
幸福	2	8	50	140	96
	−0.70%	−2.70%	−16.90%	−47.30%	−32.40%
非常幸福	2	1	6	21	46
	−2.60%	−1.30%	−7.90%	−27.60%	−60.50%
合计	7	25	80	183	167
	−1.50%	−5.40%	−17.30%	−39.60%	−36.10%

卡方 $=143.640$　　$df=16$　　$P=0.000$

4. 性别与民生幸福的交互分析

性别和民生幸福的交互分析中,卡方值 16.585,自由度 4,P 值 0.016(<0.05),通过显著性检验,在江苏样本中,不同性别的人的幸福感有一定差异。

表 2-11 性别与民生幸福的交互分析

民生幸福	性　别		
	男	女	合计
非常不幸福	1	3	4
	−25%	−75%	−100%
不幸福	12	13	25
	−48%	−52%	−100%

续　表

民生幸福	性　别		合计
	男	女	
一般	36	25	61
	−59%	41%	−100%
幸福	169	127	296
	−57.10%	−42.90%	−100%
非常幸福	42	34	76
	−55.30%	−44.70%	−100%
合计	260	202	462
	−56.30%	−43.70%	−100%

卡方$=16.585$　　$df=4$　　$P=0.016$

5. 年龄与民生幸福的交互分析

年龄和民生幸福的交互分析中,卡方值 25.369,自由度 12,显著度为 $0.022(<0.05)$,通过显著性检验,年龄会对幸福感产生一定的影响。

表 2-12　年龄与民生幸福的交互分析

民生幸福	年　龄			
	18—44 岁	45—59 岁	60—89 岁	90 岁以上
非常不幸福	1	2	1	0
	−25%	−50%	−25%	0%
不幸福	5	11	9	0
	−20%	−44%	−36%	0%
一般	23	18	18	2
	−37.70%	−29.50%	−29.50%	−3.30%
幸福	130	85	80	1
	−43.90%	−28.70%	−27%	−0.30%

续 表

民生幸福	年　　龄			
	18—44 岁	45—59 岁	60—89 岁	90 岁以上
非常幸福	32	16	27	1
	—42.10%	—21.10%	—25.50%	—1.30%
合计	191	132	135	4
	—41.30%	—28.60%	—29.20%	—0.90%
卡方=25.369　　　df=12　　　P=0.022				

6. 教育与民生幸福的交互分析

教育和民生幸福的交互分析中,卡方值 24.020,自由度 12,
P 值 0.024(<0.05),通过显著性检验,在江苏数据中,不同教育
状况的人的幸福感有显著差异。

表 2–13　教育与民生幸福的交互分析

民生幸福	教育状况			
	高中以下	高中	大学	研究生以上
非常不幸福	2	1	1	0
	—50%	—25%	—25%	0%
不幸福	17	7	1	0
	—68%	—28%	—4%	0%
一般	41	13	7	0
	—67.20%	—21.30%	—11.50%	0%
幸福	176	54	64	2
	—59.50%	—18.20%	—21.60%	—0.70%
非常幸福	45	16	13	2
	—59.20%	—21.10%	—17.10%	—2.60%
合计	281	91	86	4
	—60.80%	—19.70%	—18.60%	—0.90%
卡方=24.020　　　df=12　　　P=0.024				

根据以上变量描述性统计分析和交互分析,我们发现,不同家庭收入、身体健康、心理健康、年龄、性别和教育程度的人的幸福感有显著差异。这与我们的现实预期也十分相符。为了进一步探究民生幸福的影响机制,我们将以全国 9366 个样本数据为基础,以民生幸福为因变量,以性别、年龄、教育状况为控制变量,以收入和健康(身体健康和心理健康)为自变量,构建了一个分层回归模型,进而对江苏省现阶段民生幸福建设状况进行实证分析,为促进江苏省民生幸福工程建设提供政策参考。

(二)回归分析

收入、健康、性别、年龄、教育程度对民生幸福影响的多元回归分析结果如表 2-14 所示,所有模型分析均用 spss19.0 软件进行估计。模型一是性别、年龄、教育等控制变量对民生幸福的简单回归,除了年龄变量在 5% 水平上显著相关,其余变量均在 1% 的水平上显著相关;模型二是在人口统计学变量的基础上加入家庭收入变量后的回归结果;进一步地,模型三是在模型二的基础上加入身体健康和心理健康变量。

表 2-14 回归分析结果

变量	模型一	模型二	模型三
性别	-0.91^{***}	-0.87^{***}	-0.105^{***}
年龄	0.02^{**}	0.002^{**}	0.005^{***}
教育	0.18^{***}	0.008^{*}	0.000
家庭收入		0.000^{***}	0.000^{***}
身体健康			0.113^{***}
心理健康			0.180^{***}
常数项	3.431	3.429	2.268
Adjusted R Square	0.016	0.024	0.105

注:$***$ 表示 $P<0.01$,$**$ 表示 $P<0.05$,$*$ 表示 $P<0.1$,0.000 表示小数点后三位是 0,数值不等于 0。

从回归结果来看,年龄变量均呈现出明显的统计正相关性,年龄的回归系数为正,表明江苏年龄越大,越感到幸福;女性比男性感到幸福,受教育程度越高越感到幸福;家庭收入与民生幸福之间存在着显著的正向关系,即收入越高,居民的幸福感越强,感到越开心。健康与民生幸福之间显著正相关。这说明,江苏居民的身体健康和心理健康越良好,就越快乐,其自身的幸福感也就越强。同时,他们所受到的困扰越少,也越能提高幸福感。此外,从回归结果来看,健康这一变量对主观幸福感的解释力达到 0.81,幸福感在很大程度上取决于个人健康水平。

结论

根据 2013 年中国综合社会调查(CGSS)数据,本节构建了收入、健康等维度与民生幸福之间的分层回归模型。从回归模型中我们发现,收入、健康对民生幸福都有显著影响,但是不同维度的影响方向及程度不同。因此,收入是民生幸福的经济基础,千方百计增加居民收入是提高民生幸福的重要措施。同时,相对于收入而言,健康这一变量对民生幸福的解释力达到0.81,是影响居民主观幸福感的最重要因素。这表明,增进民生幸福,必须把促进居民身心健康作为重要途径。

第四节　江苏民生幸福建设的多维分析

近年来,江苏民生幸福建设取得了显著的成就,但同时也存在着亟待解决的矛盾和问题。其中的首要矛盾就是民生事业的碎片化,即民生服务存在着身份、区域、单位之间的差异,同时也是管理上的分割、交叉和遗漏。民生幸福建设的现实问题主要体现在以下方面:从区域协调发展的角度来看,民生幸福建设省内差异较大,与其他省市相比尚有进一步发展的空间;从体系的结构均衡角度来看,江苏的民生幸福建设与全面建成小康社会标准尚存在差距;从城乡协调的角度来看,如何提升农村基本公共服务能力、提高农村民生问题的重视程度以及提升人民群众满意度是亟待解决的民生建设难题。不同的视角结合在一起,勾勒出江苏民生建设的努力方向。

一、区域协调发展视角下的江苏民生幸福建设

改革开放以来,我国民生问题得到明显改善。中国统计学会和国家统计局统计科学研究所《地区发展与民生指数编制方案》监测结果显示,2013 年江苏发展与民生指数为 77.98%,列全国第四,仅次于北京、上海和天津。地区发展与民生指数评价指标体系包括经济发展、民生改善、社会发展、生态建设、科技创新和公众评价六大方面。其中,江苏民生改善指数为 81.62%,列全国第五,仅次于北京、上海、浙江和天津。

总体上说,江苏民生幸福建设情况良好,呈现区域统筹提升、差距逐步缩小的良好局面,但受制于区域经济发展基础和理念的差距,各省辖市的民生幸福"六大体系"建设仍存在一定的差异。

苏南地区在教育、就业和养老方面具有明显优势。在教育体系建设方面,2013 年苏南五市九年义务教育巩固率、高中阶段毛入学率指标位居全省前列,并且依然保持明显增长。终身教育体系 13 个省辖市监测水平指数得分超过 90 分的有 6 个省辖市,苏南有 5 个:南京 99.3,苏州 96.0,无锡 93.9,镇江 93.3,常州 93.1。在就业服务体系建设方面,苏南地区把城乡居民就业放在优先位置抓紧抓好,在促进就业方面取得显著成效。2013年末,就业服务体系 13 个省辖市监测水平指数得分情况:超过 90 分的有 4 个省辖市,其中苏南 3 个:苏州 98.9,南京 94.9,无锡 92.1。在社会保障服务方面,苏南五市城乡基本社会保险覆盖率持续高于苏中、苏北,社会保障体系更加健全。社会保障体系得分超过 80 分的有 6 个省辖市,其中苏南有 4 个:苏州 87.5,南京 86.6,常州 85.3,无锡 84.2。在社会养老服务体系建设方面,苏南优势明显。苏南五市城乡社会养老服务体系建设水平持续高于苏中、苏北,社会养老体系更加健全。社会养老体系得分超过 90 的有 2 个省辖市:南京 99.5,苏州 94.8。

苏北在住房保障方面表现突出。在住房保障体系建设方面,从三大区域看,苏北 72.3 分,苏南、苏中分别为 71.5 分、67.2 分;苏北分别比苏南、苏中高 0.8 分、10.1 分。13 个省辖市监测水平指数得分情况如下:得分超过 90 的有 1 个省辖市:宿迁 93.5。其余 12 个省辖市得分依次为:常州 73.5,苏州 73.1,南京 72.4,无锡 70.9,徐州 70.9,南通 69.3,泰州 68.0,盐城 67.8,镇江 67.6,淮安 65.2,扬州 64.3,连云港 64.1。

在基本医疗卫生体系建设方面,三大区域平稳发展,差距逐步缩小。苏南五市基本医疗卫生条件整体较好,苏中三市医疗卫生体系建设水平稳步发展,苏北五市基本医疗卫生服务进一步得到改善。基本医疗卫生体系 13 个省辖市监测水平指数得分情况如下:得分超过 90 分的有 3 个省辖市:南京 91.8,无锡 91.7,苏州 91.5。其余 10 个省辖市得分依次为:常州 85.3,淮安 84.1,镇江 83.6,扬州 77.7,徐州 76.9,南通 76.3,泰州 72.8,盐城 71.9,连云港 68.3,宿迁 67.4。

表 2-15 2013 年各省辖市民生幸福"六大体系"建设监测情况
(江苏省统计局的专项调研报告)

地区	水平指数	终身教育体系	就业服务体系	社会保障体系	基本医疗卫生体系	住房保障体系	养老服务体系
南京	90.7	99.3	94.9	86.6	91.8	72.4	99.5
无锡	86.1	93.9	92.1	84.2	91.7	70.9	84.2
徐州	77.5	72.9	90.0	79.6	76.9	70.9	74.7
常州	83.6	93.1	82.5	85.3	85.3	73.5	81.9
苏州	90.3	96.0	98.9	87.5	91.5	73.1	94.8
南通	78.2	88.0	77.8	78.5	76.3	69.3	79.4
连云港	70.6	73.8	66.6	75.4	68.3	64.1	75.2
淮安	71.5	73.7	70.7	66.4	84.1	65.2	69.1
盐城	78.1	82.7	88.4	75.8	71.9	67.8	81.7
扬州	78.5	90.2	82.2	80.0	77.7	64.3	76.1
镇江	80.4	93.3	77.3	76.1	83.6	67.6	84.6
泰州	76.4	89.0	78.9	80.1	72.8	68.0	69.5
宿迁	71.4	60.3	60.0	65.9	67.4	93.5	81.1
苏南	86.2	95.1	89.1	83.9	88.8	71.5	89.0
苏中	77.7	89.2	79.6	79.5	75.6	67.2	75.0
苏北	73.8	72.7	75.1	72.6	73.7	72.3	76.4

二、城乡一体化视角下的江苏民生幸福建设

经过多年的努力,江苏民生工程整体稳步推进,各领域的民生改善成效也正逐步显现,但如果对照城乡一体化的要求,仍存在不少差距,尤其在农村民生建设方面仍有一些亟待改善的方面。

(一)农村基本公共服务供给有待进一步提升。

一般来说,政府在公共服务供给方面主要扮演三类角色:

资金提供者、服务监管者和服务生产者。就全国整体而言,从供给情况看,基本公共服务的标准和范围有待进一步明确;公益性服务领域投入还不足,不能满足社会需求;从城乡情况看,农村公共服务与城市相比尚有很大差距;从区域情况看,不同区域尤其是经济发展水平差距较大的地区的公共服务差距较大;从人群情况看,城乡低收入家庭和困难群体的公共服务还不能得到充分保障。上述种种问题都反映了公共服务体制机制尚不健全、不完善。例如:公共财政保障机制不健全,供给制度城乡二元分割,基层公共服务资源条块分割且布局不合理,基层政府事权与财力不匹配,以及缺乏有效的考核监督机制等。

具体到江苏而言,江苏省对于公共服务尤其是农村公共服务的总体投入尚显不足,同时投入效率也存在较大的提高空间。与浙江、上海等发达省市相比,江苏在教育、科技、医疗、卫生等公共服务领域的投入并不具有明显优势,甚至在某些方面尚有差距。同时,江苏基本公共服务投入的效率不高,整体上属于"投入型"而非"效率型"。从分配比例上来说,省内不同区域的供给能力差异明显。从县级政府这一基层公共服务主要责任主体来看,由于基层政府财政能力的差异,苏北各县(市)基本公共服务能力远远低于全省平均水平,从数据上反映,有的大约只相当于苏南地区的25%、苏中地区的35%。从公共服务供给模式来看,江苏省基本公共服务的生产和供给基本依赖政府,社会组织、企业和公益慈善组织很少能够参与公共服务的生产和分配过程,社会活力尚需进一步激发。

(二)农村民生幸福工程建设亟待继续推进。

在基础设施建设方面,目前农村公共设施建设不到位等问题比较突出。由于权责不明、管理缺位以及后续维护缺乏投入等,农村基础设施普遍存在"重建轻管"的问题。在就业方面,随着农业产业化进程和土地规模经营的推进、农业科技水平的逐步推广和提高,农村劳动力转移难度进一步增加。在社会保障方面,农村最低生活保障面窄,新型农村合作医疗制度还存在运行和监管缺陷,农村居民在基本医疗、居住环境、食品安全和公共安全等方面享受到的公共服务水平与城市相比还比较低。

（三）农村居民群众的满意度有待进一步提高。

从供给与需求期待的角度来看,江苏基本公共服务供给距群众尤其是农村居民的实际需要尚有较大差距,尤其是在群众重点关注的教育、医疗问题上,居民满意度一直不高。经济粗放式增长所造成的生态环境恶化等问题凸显,基本公共服务不足与居民高期待的矛盾亟待解决。根据江苏省百姓幸福感调查报告,老百姓对民生幸福满意度苏中最好,苏南其次,苏北最低,其中城市居民满意度要高于农村居民。

三、民生结构均衡视角下的江苏民生幸福建设

全面建成小康社会是全国层面的建设目标,因此应当以全国作为整体来加以衡量;民生幸福建设是全方位的,须以完善的结构和层次指标监测。但省域的监测统计,毕竟为把握民生建设工作进度提供了重要参考。根据《江苏全面建成小康社会和基本实现现代化进程监测统计组织实施办法》和《江苏全面建成小康社会指标体系（2013 年修订,试行）》,2013 年对江苏省及各地全面建成小康社会进程开展了监测统计,全省经济发展、人民生活、社会发展、民主法治和生态环境等五大领域协同推进,江苏省全面建成小康社会进程已过大半。

其中,江苏民生建设事业取得积极进展,全省终身教育、就业服务、社会保障、基本医疗卫生、住房保障、养老服务等民生六大体系建设工作深入推进,但与全面建成小康社会仍存在一定差距。如果从全面建成小康社会的指标结构来看,江苏的民生建设事业尚需重点解决以下问题:

(一)居民收入达标是全面建成小康社会的最大难点。

全省全面建成小康社会 36 个评价指标中,目标实现度最低的指标是城乡居民收入达标人口比例,仅为 21.0%,低于目标(50%)29 个百分点。该指标苏中、苏北市级在 5.1%—20.8%,县级在 4.0%—22.7%,起点很低,达标还有较长进程。

从城乡看,城镇居民收入不仅要达到省定全面建成小康社会达标条件,还必须达到"十八大"提出的国家全面小康居民收入翻番目标。2013 年全省城镇居民人均可支配收入 29505 元,较国家全面小康翻番目标 38219 元(均按 2010 年不变价),目标实现度为 77.2%。江苏要在全国率先达标,以目前每年提升 5 个百分点速度,需保持 4—5 年。相较全省人均 GDP 与农村居民收入已达到国家翻番目标,城镇居民收入已成为全省在全国率先全面建成小康社会的关键指标。

(二)城镇化质量与基本公共服务均等化还需补软补短。

目前,江苏省按常住人口统计的城镇化率与户籍人口城镇化率相差 6 个百分点。中小城市和小城镇的产业与人口集聚能力较弱。农村家庭住房成套比例(56.1%)、村庄环境整治达标率(66.2%)等农村全面小康目标实现度与综合实现度(91.0%)滞后较多。基本公共服务体系尚不健全,与总体实现城乡、区域间基本公共服务均等化还有差距。

(三)环境质量改善提升紧迫而又艰巨。

江苏省空气质量达到二级标准的天数比例、地表水好于Ⅲ类水质的比例等两项指标虽已达到全面小康目标值,但达标质量还不过硬。全年 13 个省辖城市 PM2.5 和 PM10 还未达到国家空气质量合格标准,省控断面水质近一半达不到Ⅲ类标准,还需解决 300 万农村人口饮水安全问题。环境质量现状与人民群众的期盼差距较大,2015 年省社情民意调查显示,江苏百姓对目前的生态环境状况满意率仅为 56.2％,比上年降低 3.4 个百分点,而不满意率已高达 40.4％。生态文明建设作为江苏全面建成小康社会的重要标杆,目标任务十分紧迫而又艰巨。

第三章
民生幸福之经济基础：居民增收

"仓廪实则知礼节，衣食足则知荣辱。"收入是民生之源，增加收入是改善民生、实现发展成果由人民共享最重要最直接的方式。聚焦民生、增进福祉，必须系统分析收入与民生幸福的关系，探讨收入增长路径，努力实现居民收入增长和经济发展同步。

第一节 收入增长与民生幸福

自亚当·斯密以来，主流经济学家就认为收入或者财富是人们获得幸福的前提，收入或财富水平是直接或者间接影响人们幸福水平高低的一个重要指标。然而，相关的研究显示，收入或者财富与人们的幸福之间的关系问题似乎没有这么简单。物质生活条件是幸福的充分条件还是必要条件？金钱能产生或促进人们的幸福吗？财富与幸福到底存在着什么样的关系？收入、财富或经济增长对幸福的影响是理论界长久不衰的话题。尤其是伊斯特林针对二战以来美国居民的幸福感并没有随经济快速增长而提高的现象提出了"幸福悖论"，更是将收入与幸福之间的复杂关系大讨论掀起了热潮。从现有的研究来看，主要从绝对收入、相对收入和收入不平等的角度进行讨论。

一、绝对收入增长与民生幸福

(一)微观层面:个人收入增长与幸福

微观经济学中的效用理论认为,效用水平的高低取决于消费数量的多少,因此效用函数的形式可以简单地表示为 $U=U(c)$,其中 U 和 c 分别表示效用和消费水平。不过,由于消费数量的多少实际上取决于消费者收入的高低,因此效用函数又可以表示成效用与收入之间的关系: $U=U(y)$。效用水平 U 是收入 y 的增函数。这样,效用取决于消费商品的绝对数量,而消费者实现效用最大化的目标要受到收入的预算约束,收入的增加由于能够扩大消费者的选择竟而提高消费者均衡的效用水平。由此可见,增加收入能够让消费者获得更高的效用,从而追求个人利益会增加社会福利,这也意味着个人或家庭财富的增加能够自然而然地增进人民的福利水平。

对美国、欧洲等发达国家的研究文献,无论是截面数据还是长期数据,大都验证了绝对收入与幸福之间的正相关关系[1][2]。坎贝尔等学者对美国居民进行了截面数据的调查研究,发现收入与幸福感之间的正向相关关系[3]。除了截面数据,不少研究还用长期数据对个人收入和幸福关系进行分析。迪纳等基于 1971—1975 年和 1981—1984 年的美国数据,发现收入

[1]　A. Campbell, P. E. Converse, W. L. Rodgers, *The Quality of American Life: Perceptions, Evaluations, and Satisfactions*, New York: Russell Sage Foundation,1976.

[2]　B. S. Frey, A. Stutzer, *Happiness and Economics: How the Economy and Institutions Affect Well-Being?* New Jersey: Princeton University Press, 2002.

[3]　F. M. Andrews, "Stability and change in levels and structure of well-being: USA 1972 and 1988", *Social Indicators Research*,1991,25:1-30.

与幸福感之间存在微弱正相关关系[1]。哈格蒂基于 1989—1996 年的 CSS 数据进行研究,发现收入和幸福感之间具有正向相关关系[2]。

　　国际比较研究经验表明,发展中国家和转型国家中的收入对民众幸福的促进作用比发达国家更大[3][4],对发展中国家的研究发现富人比穷人有更高的主观幸福感[5][6][7]。一些研究者基于面板数据,在控制了如个体特征等无法观察的固定效应后发现,尽管收入具有边际效应,收入的提高也会带来边际幸福感

[1] E. Diener, E. Sandvik, L. Seidlitz, M. Diener, "The relationship income and subjective well-being: Relative or absolute?", *Social indicators Research*, 1993, 28: 195-223.

[2] M. R. Hagerty, "Social comparisons of income in one's community: Evidence from national surveys of income and happiness", *Journal of Personality and Social Psychology*, 2000, 78: 764-771.

[3] Clark, Frijters & Shields, "Relative income, happiness and utility", *Journal of Economic Literature*, 2008, 46: 95-144.

[4] O. Lelkes, "Tasting Freedom: Happiness, Religion and Economic Transition", *Journal of Economic Behavior and Organization*, 2006, 59: 173-194.

[5] C. Graham & S. Pettinato, "Happiness, markets, and democracy: Latin America in comparative perspective", *Journal of Happiness Studies*, 2001, 2: 237-268.

[6] C. Graham and S. Pettinato, "Frustrated achievers: Winners, losers and subjective well-being in new market economics", *Journal of Development Studies*, 2002, 38(4): 100-140.

[7] Ferrer-i-Carbonell, Ada and Paul Frijters, "How Important Is Methodology for the Estimates of the Determinants of Happiness?" *The Economic Journal*, 2004, 114: 641-659.

不断减少，然而收入与幸福之间仍然存在着正相关关系[1][2]。

在古典经济学时代，收入或财富与幸福之间存在的简单联系或许就是事实。因为按马斯洛的需要层次理论，当时的民众生活比较艰苦，连基本的生活温饱都得不到满足和保障，在这样的历史环境下，物质财富的增加是满足人们生活的基本生存保障，也是决定人们是否幸福的最重要因素。然而，随着现代化的发展，人类社会的财富进入了飞速发展时期，那么人们的基本生活需要得到一定满足后，古典经济学时代的财富和幸福之间的简单联系是否还存在呢？最近的一些收入与幸福研究显示：收入对于不同收入阶层的幸福感的影响是不同的。一些学者发现，收入对幸福的正相关对低收入阶层而言是显著的，但高收入阶层不存在这样的关系或作用微弱[3][4]。除了发达国家，对拉丁美洲的研究显示，绝对收入的增加虽然不能使全体民众生活满足感得到提高，但对于提升底层人群的生活满足感确是实实在在的[5]。

随着研究方法的改进，一些研究指出之所以有研究者提出

[1] Ferrer-i-Carbonell，Ada and Paul Frijters，"How Important Is Methodology for the Estimates of the Determinants of Happiness？"*The Economic Journal*，2004，114：641 - 659.

[2] Clark，Frijters & Shields，"Relative income，happiness and utility"，*Journal of Economic Literature*，2008，46：95 - 144.

[3] R. A. Cummings，"Personal Income and Subjective Well-being：a Review"，*Journal of Happiness Studies*，2000，(10)：133 - 158.

[4] Michael McBride，"Relative-Income Effects on Subjective Well-Being in the Cross-section"，*Journal of Economic Behavior &Organization*，2005，45：251 - 278.

[5] C. Graham & S. Pettinato，"Happiness，markets，and democracy：Latin America in comparative perspective"，*Journal of Happiness Studies*，2001，2：237 - 268.

收入与个人幸福感不存在相关关系,是研究模型的设置中忽略了收入的滞后效应或收入的外生性,因此可以通过加入一个与收入相关而与幸福无关的工具变量来避免这样的方法错误[1][2][3]。莎丽基于1993—1995年俄罗斯的社会经济转型面板数据,通过建立校正测量错误的结构方程模型来消减收入对幸福感影响的滞后效应,发现模型校正后,收入与生活满意度的相关性显著上升[1]。一些学者在模型中纳入工具变量后,发现收入对幸福感的贡献显著增长[2][3]。弗里及特斯等学者的主观幸福感固定效应模型结果表明,1991—2001年,实际收入的增长显著提高了原东德居民的主观幸福感[4]。

在我国,居民幸福感是否与收入存在正向相关关系呢?从国际经验来看,同一时间段内,居住在同一区域的越高收入的居民具有越多的机会实现他们的愿望,比如有机会取得更高的学历和社会地位,或者具有更为优越的生活条件等等。正如萨缪尔森指出的:幸福是欲望的满足。那么,高收入阶层人士应该比低收入人士拥有更多的幸福感。一些相关的研究证实了

---

[1] W. E.Saris, "What influences subjective well-being in Russia?", *Journal of Happiness Studies*, 2001, 2:137-146.

[2] E. F. Luttmer, "Neighbors as negative: Relative earnings and well-being", *Quarterly Journal of Economics*, 2005, 120(3): 963-1002.

[3] J.Knight, L.Song, R. Gunatilaka, "Subjective well-being and its determinants in rural China", *China Economic Review*, 2009, 20(4): 635-49.

[4] P. Frijters, M. Shields, J. Haisken-DeNew, "Money does matter! Evidence from increasing real incomes in East Germany following reunification", *American Economic Review*, 2004, 94 (3):730-741.

这一论断①②。罗楚亮基于 2002 年中国收入分配课题组的调查
数据,发现收入与幸福感之间具有显著的正向相关关系③。吴
丽民等(2009)对浙江省 9 个小城镇居民幸福感的数据研究及
朱建芳、杨晓兰(2009)基于世界价值观调查的数据,均发现类
似的结果④⑤。不过,也有相关的研究指出,虽然收入与幸福感
存在正相关,但这种关系比较微弱⑥。此外,一些研究认为,之
所以绝对收入与居民幸福感之间的正向相关关系很弱,是因为
没有考虑生活的成本问题⑦⑧。

(二)宏观层面:国家经济增长与民众幸福

一段时期内,国家或地区的经济发展是否能促进民众幸福
水平的提高? 相关研究显示:对于经济发展比较落后的国家或
地区,经济增长可以提升居民幸福感,而对发达国家而言,两者
关系不明显。过去的半个世纪中,欧美发达国家的快速经济发
展大力促进了人均实际收入的上升,但是居民的主观幸福感基

① 罗楚亮:《绝对收入、相对收入与主观幸福感——来自中国城乡住户调查数据的经验分析》,《财经研究》2009 年第 11 期。
② 吴丽民、陈惠雄:《收入增长与幸福指数演化——基于浙江的实证分析》,《现代经济探讨》2009 年第 6 期。
③ 罗楚亮:《绝对收入、相对收入与主观幸福感——来自中国城乡住户调查数据的经验分析》,《财经研究》2009 年第 6 期。
④ 吴丽民、陈惠雄:《收入增长与幸福指数演化——基于浙江的实证分析》,《现代经济探讨》2009 年第 6 期。
⑤ 朱建芳、杨晓兰:《中国转型期收入与幸福的实证研究》,《统计研究》2009 年第 4 期。
⑥ 官皓:《收入对幸福感的影响研究:绝对水平和相对地位》,《南开经济研究》2010 年第 5 期。
⑦ 朱成:《浅析农村居民收入满意度与幸福度的相关性》,《经济视角》2008 年第 9 期。
⑧ 唐东波、李巧玲、刘颖:《收入满足度与生活幸福度的相关性研究》,《统计与决策》2008 年第 21 期。

本毫无变化[1][2]。然而,在经济发展较为落后的南亚和东南亚地区,比如印度和菲律宾,相关研究结果显示居民收入的提高能显著提升其幸福感[3]。近些年来,有些学者关注国家比较研究,探讨国家经济增长与居民幸福感的关系,大部分研究发现:国家之间人均收入与居民幸福感的相关关系显著高于个体收入与幸福感之间的相关关系。然而,一些研究发现如果控制一些变量或对国家进行分组,两者的相关关系会随之减弱[4][5][6]。国内的一些相关研究存在较大分歧:一些研究结果表明中国各省生活质量和经济发展的相关关系是比较显著的[7];另外一些研究表明中国各省的经济发展水平与居民幸福感没有显著的相关关系[8]。

[1] R. Easterlin, "Income and happiness: Towards a unified theory", *The Economic Journal*, 2001, 111(473): 465 - 484.

[2] B. S. Frey and A. Stutzer, "What can economists learn from happiness research?", *Journal of Economic Literature*, 2002, 40: 402 - 435.

[3] E. D. Diener, and S. Oishi, "Money and happiness: Income and subjective well-being across nations", In E. D. Diener and E. M. Suh(eds.), *Culture and Subjective Well-Being*, Cambridge, Mass: MIT Press, 2000.

[4] E. d. Diener, Marissa Diener and Carol Diener, "Factors Predicting the Subjective Well-Being of Nations", *Journal of Personality Social Psychology*, 1995, 69 (5): 851 - 864

[5] R. Veenhoven, *Happiness In Nations: Subjective Appreciation Of Life In 56 Nations* 1946 - 1992, Erasmus University Press, Rotterdam, 1993.

[6] A. J. Oswald, "Happiness and Economic Performance", *Economic Journal*, 1997, 107: 1815 - 1831.

[7] 冯立天:《中国人口生活质量与国际比较》,《人口学刊》1995 年第 6 期。

[8] 曹大宇:《我国居民收入与幸福感关系的研究》,华中科技大学博士论文,2009 年。

二、相对收入与民生幸福

在收入与幸福的相关研究中,许多学者发现一个有趣的现象:过去几十年来,欧美发达国家中除了德国、意大利等国的人均收入提高对居民幸福感有微弱促进外,其他国家如英国、美国和日本等国人均国民收入的大幅增长并没有伴随幸福感的增加,甚至是有所下降,这被称之为"幸福-收入"之谜或"伊斯特林悖论"[1][2]。对于此悖论,许多学者对其背后机理进行了深入探讨,基于比较视角的相对收入理论(Relative Income Theory)和适应性水平理论(Adaptation Level Theory)是最为广泛的解释视角。

在经济学中,相对收入理论也被称之为"满意水车"(satisfaction treadmill)理论。它以个体所产生的抱负或期望水平的改变为基础,这取决于个体如何判定满意和不满意的分界线,往往由抱负或期望和现实之间的差距来决定。因此,当个体感知到所有人的收入都以同比例提高了,那么收入的增加对其幸福感的影响甚微[3][4]。大部分相对收入与居民幸福感的相关研

[1]　R. A. Easterlin,"Will Raising the Incomes of Increase the Happiness of All?" *Journal of Economic Behavior&Organization*,1995, 27:35 - 47.

[2]　David G. Blanchflower, Andrew J. Oswald, "The rising well-being of the young", In D. G. Blanchflower and R. B. Freeman (eds.),*Young employment and joblessness in advanced countries*, Chicago: NBER and Uniwersity of Chicago Press,2000.

[3]　Ada Ferrer-i-Carbonell,"Income and well-being: an empirical analysis of the comparison income effect",*Journal of Public Economics*, 2005, 89:997 - 1019.

[4]　E. F. Luttmer, "Neighbors as negative: Relative earnings and well-being", *Quarterly Journal of Economics*, 2005, 120(3): 963 - 1002.

究结果显示：相对收入的提高能显著提升居民的幸福感①②。麦克布莱德的研究发现，受访者如果感知他们的生活水平低于父母的生活水平或平均水平上升而自己的收入水平却停滞不前，就会降低他们的主观幸福③。一些相关研究表明，居民相对收入越高其报告的主观幸福感则越强，并且这种效应在不同收入群体中是有差异的，相对收入对于低收入群体而言产生严重的负效应，但对高收入群体的主观幸福感的正效应较为微弱④。

在幸福经济学中，适应性理论被称之为"享乐水车"（hedonic treadmill）理论，认为个体会随着收入的增加而调整预期，愿望曲线也随之上升，直到人们适应了新的收入后，幸福感才会逐渐回归，幸福是由预期和实现程度之间的差距决定的②⑤。

伊斯特林的相关研究结果显示，相对收入对幸福感有重要的影响作用，他认为居民主观幸福感取决于相对收入而不是绝对收入，幸福感会随着自身收入水平的上升而产生正向变化，然而会随着他人收入水平的提高而产生反向变化。我国不少

---

① M. R. Hagerty, "Social comparisons of income in one's community: Evidence from national surveys of income and happiness", *Journal of Personality and Social Psychology*, 2000, 78: 764 - 771.

② Michael McBride, "Relative-Income Effects on Subjective Well-Being in the Cross-section", *Journal of Economic Behavior & Organization*, 2005, 45: 251 - 278.

③ Michael McBride., "Relative-Income Effects on Subjective Well-Being in the Cross-section", *Journal of Economic Behavior & Organization*, 2005, 45: 251 - 278.

④ Ada Ferrer-i-Carbonell, "Income and well-being: an empirical analysis of the comparison income effect", *Journal of Public Economics*, 2005, 89: 997 - 1019.

⑤ E. F. Luttmer., "Neighbors as negative: Relative earnings and well-being", *Quarterly Journal of Economics*, 2005, 120(3): 963 - 1002.

学者也从相对收入的角度研究收入与幸福感的关系,大部分结果表明,相对收入对主观幸福感有显著影响,这与伊斯特林的结论是一致的[1][2]。

三、收入不平等与民生幸福

除了绝对收入和相对收入,收入不平等也是学者们探讨收入与幸福关系的关键变量。一般来说,收入不平等更多的是考量一个国家或地区收入分配制度或现状对国民幸福感的影响,不平等厌恶理论和认知理论是其中最重要的两个解释理论。

不平等厌恶(inequality aversion)理论是厌恶纯粹的收入不平等,认为人类天生具有厌恶不平等的社会偏好,这个观点在行为科学、人类学和神经科学均得到了证实[3]。亚当·斯密(1759)在其《道德情操论》中指出,追求公平正义的强烈愿望和对不平等的强烈怨恨是人类的一种基本情感[4]。社会学中一直存在这一假设:由于不均等会给自己带来负面情绪影响,人们倾向于减少不平等,也就是说人们普遍厌恶不平等(inequality-averse social preferences),期望均等,一旦出现不公平的情形,人们会表现出不满与怨恨。以费尔为代表的实验经济学家和

---

① 裴志军:《家庭社会资本、相对收入与主观幸福感:一个浙西农村的实证研究》,《农业经济问题》2010 年第 7 期。

② 温晓亮、米健、朱立志:《1990—2007 年中国居民主观幸福感的影响因素研究》,《财贸研究》2011 年第 3 期。

③ 鲁元平、王韬:《收入不平等、社会犯罪与国民幸福感——来自中国的经验证据》,《经济学》2010 年第 10 期。

④ 乔洪武、沈昊驹:《恩斯特·费尔对经济伦理研究方法的贡献——潜在诺贝尔经济学奖得主学术贡献评介系列》,《经济学动态》2011 年第 4 期。

行为经济学家称这一现象为"不公平厌恶（Inequity Aversion）"[1][2]。尽管有大量的行为学和人类学证据与这些理论预测的结果相符合，然而，与不平等厌恶结果一致的许多行为也可以通过人们对社会现象或互惠的关注来解释，因此这需要直接的神经学证据证明人类有反对不平等的社会偏好。伊丽莎白等学者的研究成果提供了这方面的证据，他们采用功能性MRI来直接测定人类大脑存在反对不平等的社会的偏见[3]。中国人一直有不平等厌恶的思想，比如《晏子·春秋内篇问上》中晏婴在回答齐景公"古之盛君"的行为准则时讲："其取财也，权有无，均贫富，不以养嗜欲。"《论语·季氏》云："闻有国有家者，不患寡而患不均，不患贫而患不安。盖均无贫，和无寡，安无倾。"北宋农民起义领袖王小波说："吾疾贫富不均，今为汝辈均之。"（《宋史·樊知古传》）南宋农民起义领袖钟相提出"等贵贱，均贫富"（《建炎以来系年要录》卷三一），等等。

较早的经济学文献中，莫拉韦茨通过对以色列两个收入不平等的小村庄进行生活满意度比较研究，发现生活在收入分配更加平等的小村庄居民有更高的生活满意度[4]。基于德国的社会经济面板数据（GSOEP1985—1998），施瓦策等学者发现，经济收入不平等系数（GINI）与居民的生活满意度存在显著的负

① Ernst Fehr and Klaus M. Schmidt，"Source：The Quarterly Journal of Economics"，1999，114(3)：817 - 86.

② D.Kahneman，A. B.Krueger，D.Schkade，N.Schwarz，& A. A.Stone，"Would you be happier if you were richer? A focusing illusion"，*Science*，2006，31：1908 - 1910.

③ Elizabeth Tricomi，Antonio Rangel，Colin F. Camerer and John P. O'Doherty，"Neural Evidence for Inequality-averse Social Preferences"，*Nature*，2010，463：1089 - 1091.

④ D. Morawetz，"Income Distribution and Self-rated Happiness：Some Empirical Evidence"，*Economic Journal*，1977，87(347)：511 - 522.

相关关系,并且无论是富人还是穷人,均显示出强烈的不平等厌恶倾向[1]。其他的一些类似研究,也证实了这样的结论,认为收入分配差距过大会显著降低居民们的主观幸福感[2][3]。

实际上,不少相关研究表明,收入不平等也是促进居民主观幸福感的积极因素,认知理论则是其中的主要代表。认知理论认为,收入不平等的社会流动性感知(social mobility sense)是影响其幸福感的最主要因素。因为在社会流动强的社会,收入不平等意味着处于收入分配底层的群体可以通过自己的辛勤工作,而非依赖于家庭背景、社会关系等因素来实现收入增长,在此情况下,居民会认为收入不平等是实现收入增长的一种机遇,这将对个体产生强烈的激励作用,从而促进其主观幸福感的提升[4][5]。

收入差距与国民的居民幸福感研究也是目前国内学者的热门话题。基于中国综合社会调查(CGSS2005)数据,曹大宇(2009)发现,收入分配越不均等(即基尼系数越大),居民报告

[1] J. Schwarze, and M. Harpfer, "Are People Inequality Averse, and Do They Prefer Redistribution by the State? Evidence from German Longitudinal Data on Life Satisfaction", *Economica*, 2005, 72: 375 - 396.

[2] A. Alesina, R. Di Tella and R. Macculloch, "Inequality and Happiness: Are Europeans and Americans Different?" *Journal of Public Economics*, 2004, 88: 2009 - 2042.

[3] U. Ebert, and H. Welsh, "How do Europeans Evaluate Income Distributions? An Assessment based on Happiness Surveys", *Review of Income and Wealth*, 2009, 55(3): 801 - 819.

[4] A. Alesina, R. Di Tella and R. Macculloch, "Inequality and Happiness: Are Europeans and Americans Different?" *Journal of Public Economics*, 2004, 88: 2009 - 2042.

[5] C. Senik, "When Information Dominates Comparison: A Panel Data Analysis Using Russian Subjective Data", *Journal of Public Economics*, 2004, 88: 2099 - 2133.

的幸福感就越低[1]。王鹏(2011)的进一步研究结果表明,其实收入差距对中国居民的主观幸福感的影响并非是直线关系,而是倒 U 形的,基尼系数的临界点为 0.4 左右,当基尼系数低于 0.4 时,收入差距的扩大会增加居民的幸福感;而当其超过 0.4 时,扩大的收入差距将导致居民主观幸福感的明显下降[2]。基于世界价值观数据,一些学者的研究发现,收入差距会显著降低居民的幸福感,但是因收入阶层差异而有所变化,相对来说,收入差距对中高等收入者的负面影响要显著地小于低收入者[3]。

通过对国内外研究成果的讨论,我们发现不能简单以收入增长来衡量民生幸福,而是要在历史发展过程中,既从国家或地区经济增长的宏观角度,又从个人收入增长的微观角度,既从绝对收入增长角度,又从相对收入增长角度,既从收入差距的角度,又从收入分配的角度来考量江苏居民收入与民生幸福关系,为推动民生幸福建设提出对策与建议。

第二节　江苏居民收入增长的历史演进

居民收入始终是政府与社会关注的热点问题。江苏作为经济发达省份,增加居民收入、缩小城乡差距和地区差距,是实现全面小康和民生幸福的重要任务。

---

[1]　曹大宇:《我国居民收入与幸福感关系的研究》,华中科技大学博士论文,2009 年。

[2]　王鹏:《收入差距对中国居民主观幸福感的影响分析——基于中国综合社会调查数据的实证研究》,《中国人口科学》2011 年第 3 期。

[3]　鲁元平、王韬:《收入不平等、社会犯罪与国民幸福感——来自中国的经验证据》,《经济学》2010 年第 4 期。

一、改革开放以来江苏城乡居民收入变化的历史变迁

"以史为鉴",深入研究居民收入发展轨迹有助于了解地区经济、社会发展情况,有助于政府决策以促进民生幸福建设。

（一）江苏城镇居民收入增长轨迹

1979—2014 年,江苏城镇居民人均可支配收入由 288 元提高到 34346 元,年均增长 14.2%。36 年间,城镇居民收入实现了三次历史性跨越,1987 年超过千元,2004 年跨越万元,2009 年突破两万元。全省城镇居民收入增长大致可分为四个阶段。

第一阶段:开启收入快速增长通道(1979—1987 年)。十一届三中全会后,在收入分配理论上恢复了社会主义按劳分配的原则,否定了分配体制上的高度集中和平均主义的分配方式。在实践上城镇以引入奖金分配激励机制为突破口,彻底打破了长期以来实行的平均主义大锅饭的分配模式,激发了劳动者的积极性,社会生产力取得突破性进展,居民收入的增长通道被开启。在此期间,全省城镇居民人均可支配收入增长了 2.5 倍,跃过 1000 元,年均增长 14.9%。

第二阶段:伴随改革转入稳步增长(1988—1992 年)。在此期间,改革的重点已由农村转向城市,以搞活国有企业为中心环节全面展开,探索建立自主经营、自负盈亏的企业机制,实行厂长负责制、工效挂钩和劳动合同制为主要内容的企业领导、分配、用工等管理制度的改革措施,增强了企业的内在活力。五年间,城镇居民人均可支配收入年均增长 16.3%。然而,由于对商品和服务价格形成机制的改革在同时期进行,物价上涨较快,实际收入年均仅增长了 4.3%,其中 1988 年和 1989 年还出现了负增长。

第三阶段:建立保障制度带动收入较快增长(1993—2002年)。在这十年间,以建立社会主义市场经济体制为目标的改革向纵深发展。国有大中型企业按照建立现代企业制度的方向被改造成国有独资、有限责任或股份有限公司;众多小型国有企业通过改组、联合、兼并、租赁、出售等形式进行改制,效率优先在改革中得到充分体现。同时,社会保障制度的改革也相继启动,逐步建立起养老、医疗、失业保险、社会救济和城镇居民最低生活保障制度。分配政策逐步得到完善,在继续坚持按劳分配为主体、多种分配方式并存制度的同时,把按劳分配和按资本、技术等生产要素分配结合起来。在此期间,城镇居民人均可支配收入增长 2.8 倍,年均增长 14.4%。

第四阶段:多元分配格局拉动收入较快、平稳增长(2003年至今)。这一阶段,各级政府把富民优先的战略思想摆在突出位置,城镇个体、私营经济快速发展,城镇居民经营性收入高速增长,多元化的收入分配格局已经形成。到 2012 年,城镇居民人均可支配收入就增加了 2.22 倍,年均增长 12.4%。同时,各年收入增长稳定,增幅皆在 10% 以上,而且同期物价总体水平较低,得到的实惠最多。

(二)江苏农民收入增长轨迹

改革开放 30 多年来,江苏农民人均纯收入由 1978 年的155 元提高到 2014 年的 14958 元,年均增长 13.5%。全省农民收入增长大体可以分为六个阶段:

第一阶段:农村体制改革造就超常规增长(1979—1984年)。1978 年党的十一届三中全会的召开,标志着农村经济体制改革拉开了序幕,家庭联产承包责任制于 80 年代初在江苏全省农村范围内得以普及,有效地克服了吃“大锅饭”的平均主义弊病,解放了农村生产力,农村经济快速发展,农民收入大幅增加。1984 年农民人均纯收入达 448 元,比 1978 年增长 1.9 倍,年递增 19.3%。6 年间增加 293 元,平均每年增加 49 元,到 1984 年多数农民已摆脱贫困,过上了温饱生活。

第二阶段:政策调整形成低速增长(1985—1988 年)。这一阶段,农业政策发生了明显的变化和调整:一是实行了不利于农业自我积累和自我发展的投入政策和工农业比价政策,农业发展遇到困境;二是实行农产品统派购制度改革,取消了对农产品长期实行的强制收购政策;三是对农村产业结构进行调整,大力扶持新的经济增长点,乡镇企业异军突起。在此阶段,非农产业及多种经营的较快发展,促进了农民收入的进一步增长,但增速明显低于前一阶段。全省农民人均纯收入由 1984 年的 448 元增加到 1988 年的 797 元,年均增长 15%。

第三阶段:宏观调控造成实际收入下降(1989—1991 年)。1989 年开始对经济秩序、经济环境进行治理整顿,乡镇工业发展速度陡降,同时物价上涨幅度过大,尽管当年农民收入比上年增长 9.9%,但实际收入下降了 7.3%。1990 年随着治理整顿的深入,对乡镇企业由扶持到全面紧缩,农村非农产业一度不景气,大批劳动力回流农业,减少了农民收入的来源,当年农民收入实际下降 2%。1991 年的特大洪涝灾害给江苏农村经济和农业生产又带来了严重影响,直接造成当年农民收入比上年下降 4%,剔除价格因素,实际收入下降 6%。改革开放以后江苏农民收入的增长首次进入低谷。

第四阶段:南巡讲话促成快速增长(1992—1996 年)。邓小平发表重要的南巡讲话和党的十四大提出建立社会主义市场经济体制,加大了市场对生产要素配置起基础性作用的力度。过去高度集中的计划经济体制逐步削弱,农产品价格全面放开,乡镇企业实行改制,促成农村经济结构得以优化,农村劳动力不仅进入流通领域,而且部分剩余劳动力改变了就业观念,离乡寻求就业门路,拓宽了农民收入渠道,农民收入大幅增加。这一时期农业生产形势喜人,加上价格体制改革,农业生产效益有了很大提高,农民来自一产的收入明显增加。同时乡镇企业也有了新的转机,大批剩余劳动力转向二、三产业,农民收入快速增长。1992—1996 年 5 年间农民收入连上三个千元台阶,到 1996 年,江苏农民人均纯收入已达 3029 元。

第五阶段:通胀导致收入徘徊增长(1997—2003 年)。面对前一阶段国民经济陷入严重的通货膨胀局面,国家加大了宏观调控力度,物价上涨得到有效遏制,并于 1998 年实现了软着陆,又造成国民经济走向通货紧缩。农产品出现结构性过剩,乡镇企业发展出现暂时困难,由卖方市场转为买方市场,内需不足,市场物价持续回落。伴随着东南亚金融危机,出口受阻,又进一步加剧了通货紧缩的局面。在这一宏观背景下,农民人均纯收入增长率从 1996 年的 23.3% 迅速回落到 1997 年的 7.9%,随后逐年徘徊,到 2003 年增长率也仅为 6.1%,出现了农民收入增幅明显减缓的局面。

第六阶段:重视"三农"促使收入重新进入快速增长(2004 年至今)。农民收入连续几年增长缓慢,引起了党中央、国务院的高度重视。2004 年 1 月,中央下发《中共中央国务院关于促进农民增加收入若干政策的意见》,着重解决农民增收中的难点和重点问题,丰富了农民增收的具体途径,为农民增收创造了良好的环境和条件,农民收入增长幅度开始恢复。2004 年,江苏农民人均纯收入达到 4754 元,同比增加 515 元,增长 12.1%;2005 年 5276 元,增加 522 元,增长 11.0%;2006 年 5813 元,增加 537 元,增长 10.2%;2007 年达 6561 元,增加 748 元,增长 12.9%;2008 年达 7357 元,增加 796 元,增长 12.1%;2009

年虽然受到全球金融危机的影响,农民人均纯收入仍达到 8004 元,增加 647 元,增长 8.8%,提前一年达到省定小康的目标; 2010—2011 年江苏省连续大幅度调高最低工资标准,加之国内经济形势持续转好,劳动力需求旺盛,农民工资水平不断提高,主要农产品量增价升,以新型农村养老保险为代表的各项政策性惠农力度加大,江苏省农民收入得到快速提高,这两年增速分别达到 13.9% 和 18.5%,其中 2011 年的增速创 14 年来的新高。到 2011 年江苏省农民人均纯收入达 10805 元,首次突破万元大关。2012 年 12202 元,增长 12.9%,2013 年 13598 元,增长 11.4%,2014 年 14958 元,增长 10.0%。

二、江苏居民收入结构状况

近年来,江苏城乡居民人均可支配收入保持较快增长势头。如果从国民收入分配结构调整角度来看,这既是经济发展和经济体系运行的结果,又是推动经济发展的基本动力结构,还是保障和改善民生的重要举措。

(一)江苏城镇居民收入结构

近五年,江苏省城镇居民收入稳步提高,收入结构不断优化。2009 年全省城镇居民人均可支配收入 22944 元,到 2014 年增至 34346 元,年均增速达 11.5%。

表 3 - 1 2010—2014 年江苏省城镇居民人均可支配收入情况

年 份	绝对量(元)	增幅(%)
2010	22944	11.6
2011	26341	14.8
2012	29677	12.7
2013	32538	9.6

续 表

年 份	绝对量(元)	增幅(%)
2013 新口径①	31585	9.6
2014	34346	8.7
2010—2014 年同口径年均增长	—	11.5

在城镇居民家庭总收入中,工资性收入稳定增长,比重有所降低,2014 年全省城镇居民的人均工资性收入 20720 元,年均增长 11.4%;工资性收入占家庭总收入的比重为 57%,比 2009 年下降 3 个百分点;经营净收入快速增长,成为城镇居民收入的新增长点,2014 年城镇居民人均经营净收入 6063 元,比 2009 年增长 1.5 倍,年均增长 22.4%,在各项收入中增速最高,其比重从 2009 年的 9.5% 升至 2014 年的 16.7%;转移性支付较快增长,2014 年城镇居民人均转移性收入为 6189 元,年均增长 9.9%;财产性收入平稳增长,2014 年全省城镇居民人均财产性收入 3373 元,比 2009 年增加 2991 元,年均增长 16.4%,比重比 2009 年提高 7.6 个百分点。

表 3-2 2010—2014 年江苏省城镇居民收入分项目情况

单位:元/人

指 标	2010 年	2011 年	2012 年	2013 年	2014 年	2010—2014 年同口径年均增长(%)
工资性收入	14817	17762	19602	21355(19127)	20720	11.4
经营净收入	2519	3027	3422	3565(3670)	6063	22.4
财产性收入	471	667	690	764(3158)	3373	16.4
转移性收入	7309	7517	8805	9447(5629)	6189	9.9

① 从 2013 年开始实行城乡一体化住户调查,城乡范围、指标名称、口径都发生了变化。

（二）江苏农村居民收入结构

近年来,江苏省农民人均纯收入较快增长。2010—2014年,农民人均纯收入由 9118 元增至 14958 元,年均增长 13.5%。其中,家庭经营性收入年均增长 11.3%,而工资性收入增长 13.7%,财产性收入增长 13.7%,转移性收入增长 20.4%,有力地推动了农民收入的快速增长。从四项收入占纯收入的比重看,工资性收入比重由 2009 年的 53% 下降到 2014 年的 48%,降低 5个百分点;家庭经营性收入下降 3.1 个百分点,降幅明显;财产性收入降低 9 个百分点,达到 3.2%;转移性收入比重提高 9 个百分点。

表 3-3　2010—2014 年江苏省农村居民人均纯收入分项目情况

单位:元/人

指　标	2010 年	2011 年	2012 年	2013 年	2014 年	2010—2014 年均增长（%）
人均纯收入	9118	10805	12202	13598(13521)	14958	13.5
工资性收入	4896	5747	6474	7272(6463)	7170	13.7
家庭经营收入	3215	3781	4181	4521(4529)	5031	11.3
财产性收入	399	476	562	646(440)	472	16.3

（三）江苏居民收入结构分析

近 5 年,江苏省的城镇居民和农村居民的收入均有显著增长,但在看到收入增长取得成绩的同时,不容忽视其存在的主要问题:

1. 居民收入增幅低于 GDP 增幅。2009—2014 年,江苏省GDP 由 34457.3 亿元增至 65088 亿元,年均增长 10.4%。其中,全省城镇居民收入高于 GDP 增幅 1.1 个百分点,农民人均纯收入低于 GDP 增幅 3.1 个百分点,未达到中央提出的"居民收入增长和经济发展同步"要求。

2. 劳动者报酬占 GDP 的比重下降。1978 年,江苏省劳动者报酬占 GDP 的比重为 46.9%。20 世纪 80 年代,劳动者报酬占 GDP 的比重保持在 46.5%—51.3% 之间,处于历史较高水平。20 世纪 90 年代,劳动者报酬占 GDP 比重降至 43%—49% 之间。进入 21 世纪,劳动者报酬占 GDP 比重下降趋势更加明显,2010 年 41.4%,2011 年 41.8%,2012 年 42.3%,2013 年 43.1%。2013 年,全省劳动者报酬占 GDP 为 43.1%,在全国仅位于第 21 位。

3. 居民收入差距呈扩大趋势。在城乡居民收入差距方面,2004 年到 2014 年,江苏省城乡居民收入差额由 5728 元扩大到 19380 元,城乡居民收入比(以农村为 1)由 2.2∶1 扩大到 2.3∶1。如果考虑农民的部分收入系由实物折算和城市居民所享受的福利多于农民等因素,城乡居民实际收入差距更大。在不同群体收入差距方面,根据统计部门的调查分组,城镇居民家庭分为"最低、低、中低、中、中高、高、最高"七个收入组,2004 年到 2013 年,10% 的最高收入组家庭与 10% 的最低收入组家庭人均可支配收入之比由 10.7∶1 下降到 9.1∶1;农户分为低收入、中低收入、中等收入、中高收入、高收入五个收入组,2006 年到 2013 年,20% 的高收入组家庭与 20% 的低收入组家庭人均纯收入差额由 10209 元上升到 25387 元。在居民收入地区差距方面,2004 年到 2014 年,苏南地区与苏中、苏北地区城镇居民人均可支配收入差额分别由 2319 元、3398 元扩大到 10783 元、18575 元,农民人均纯收入差额分别由 1779 元、2638 元扩大到 5478 元、8284 元。

表 3-4 和表 3-5 显示,城镇居民和农村居民内部收入差距较大,高收入户收入份额比低收入户高出很多,特别是高收入户拥有更多的财产性收入和经营性收入。

表 3－4　2014 年江苏省城镇居民家庭人均收入按收入水平构成(%)

收入来源	最低收入户占 10%	低收入户占 10%	中等偏下户占 20%	中等收入户占 20%	中等偏上户占 20%	高收入户占 10%	最高收入户占 10%
可支配收入	2.8	4.5	12.6	17.0	22.4	15.2	25.5
工资性收入	2.7	4.9	14.0	17.3	24.4	14.8	21.9
经营净收入	3.4	4.0	8.6	15.3	18.0	19.1	31.7
财产性收入	1.2	1.9	6.0	8.7	15.6	10.1	56.6
转移性收入	3.2	4.5	12.7	18.8	22.0	15.7	23.2

表 3－5　2014 年江苏省农村居民家庭人均纯收入按收入水平构成(%)

收入来源	低收入户	中低收入户	中等收入户	中高收入户	高收入户
人均纯收入	6.3	11.8	16.8	23.4	41.7
工资性收入	6.3	13.2	19.8	27.5	33.1
家庭经营收入	6.3	10.9	13.4	17.9	51.5
财产性收入	2.7	3.8	7.8	12.1	73.6
转移性收入	8.7	10.2	14.1	22.5	44.6

　　在江苏省内不同地区,收入来源结构也存在着显著差异。由表 3－6 所示江苏省 2013 年三大区域农村居民收入来源结构可见:经济越发达的地区,如苏南地区,其工资性收入所占比越高,财产性收入占比越高,而家庭经营收入所占比则相对较低。可以看出,近些年来苏南模式发展带动了村民收入的显著增长,但这种通过发展乡镇企业实现非农业化发展的苏南模式也造成苏南地区的农村居民收入多以工资性收入为主。

表 3 - 6　2013 年江苏三大区域城乡居民收入及其比例

指　　标	绝对数（元）			比例		
	苏南	苏中	苏北	苏南	苏中	苏北
农村居民人均家庭总收入	24951	17812	15357	1.62	1.16	1
人均纯收入	19107	14375	11769	1.62	1.22	1
工资性收入	12611	8474	5962	2.12	1.42	1
家庭经营收入	4028	4556	4919	0.82	0.93	1
财产性收入	1021	372	214	4.77	1.74	1
转移性收入	1447	973	674	2.15	1.44	1
城镇居民人均家庭总收入	43034	33011	25069	1.72	1.32	1
人均可支配收入	39224	29706	22933	1.71	1.30	1
工资性收入	26850	20003	14767	1.82	1.35	1
经营净收入	3936	4138	3973	0.99	1.04	1
财产性收入	1391	609	560	2.49	1.09	1
转移性收入	10857	8260	5769	1.88	1.43	1

数据来源：《江苏统计年鉴 2014》。

由表 3 - 6 所示江苏省 2013 年三大区域城镇居民收入来源结构可见：

1. 工资性收入是江苏三大区域城乡居民收入的主要来源。苏北地区的城镇居民工资性收入远低于苏南、苏中地区，同时苏北地区的工资性收入占家庭总收入比例也小于苏南、苏中地区。同样，与三大区域农民主要收入来源结构相似，工资性收入是江苏城镇居民的主要来源。

2. 经营净收入占三大区域城镇居民总收入之比例较低。苏南地区城镇居民经营净收入仅仅占了 9％，大大小于苏中和苏北地区，这也可从侧面反映出，苏南地区城镇外资企业相对较多,居民的收入大都来自于工资性收入,而经营净收入相对较少。相对三大区域农村居民而言,城镇居民经营净收入所占比例则要低于农村居民。

3. 财产性收入在三大区域城镇居民的总收入中所占比例较小。苏中地区、苏北地区的城镇居民财产性收入远低于苏南地区,与三大区域的农村居民财产性收入结构相类似,财产性收入占总收入的比例都较小。可见,无论是较为发达的苏南地区、苏中地区,还是相对落后的苏北地区,促进金融市场的发展是提高居民收入水平的较为有效的途径之一。

4. 转移性收入在三大区域城镇居民的总收入比重相对较大。与三大区域的农民收入结构相近,苏中和苏北地区的城镇居民转移性收入占比要略低于苏南地区。不过相对三大区域农村居民转移性收入占比而言,城镇居民的专业性收入比还是要略高于农村居民。因此,在二次分配中,为缩小城乡的收入差距和地区差距,增加对苏中地区、苏北地区农村居民的转移支付,对提高相对落后地区的农民收入具有重要的意义。

如果从苏浙粤三省城镇居民收入比较来看,虽然江苏 2014 年转移性收入为 6189 元,在三省中最高,但工资性收入均低于浙粤;经营净收入水平及占总收入的比重低于浙江、广东;财产性收入最低,仅为 3373 元;财产性收入占总收入的 9.8%,在三省中比重最低,浙江为 13.3%,广东为 10.5%。

表 3 - 7　2014 年苏浙粤三省城镇居民收入结构

指　标	江苏		浙江		广东	
	收入(元)	比例(%)	收入(元)	比例(%)	收入(元)	比例(%)
人均可支配收入	34346	100.0	40393	100.0	32148	100.0
人均工资性收入	20720	60.3	23317	57.7	24316	75.6

续　表

指　标	江苏		浙江		广东	
	收入 (元)	比例 (%)	收入 (元)	比例 (%)	收入 (元)	比例 (%)
人均经营净收入	4063	11.8	6379	15.8	3547	11.0
人均财产净收入	3373	9.8	5358	13.3	3377	10.5
人均转移净收入	6189	18.0	5338	13.2	908	2.8

如果从苏浙粤三省农村居民收入比较来看,虽然江苏省农民转移性收入最高,但工资性收入水平比浙江低近4000元,在总收入中的比重低于浙江12.9个百分点;经营净收入低于浙江206元,在总收入中的比重高于浙江6.6个百分点;财产性收入在总收入中的比重高于浙江0.4,高于广东0.8个百分点,比浙江低71元。

表 3-8　2014年苏浙粤三省农村居民收入结构

指　标	江苏		浙江		广东	
	收入 (元)	比例 (%)	收入 (元)	比例 (%)	收入 (元)	比例 (%)
人均可支配收入	14958	100.0	19373	100.0	12246	100.0
人均工资性收入	7170	47.9	11773	60.8	6220	50.8
人均经营净收入	5031	33.6	5237	27.0	3272	26.7
人均财产净收入	472	3.2	543	2.8	296	2.4
人均转移净收入	2286	15.3	1821	9.4	2457	20.1

三、江苏收入倍增计划的实施进展分析

国外增加居民收入的成功经验表明,增加居民收入,必须强调政府干预与市场力量调节相结合,准确把握政府和市场的边界,避免对微观经济过多干预;必须通过提高社会保障水平、引导经济结构调整和转型、扩大就业以及提高劳动生产效率等

相结合的一揽子政策实现;必须以中低收入阶层的财富增长为主要目标,变革和改善社会结构,促进中产阶层的形成和壮大。对于江苏而言,为提升居民幸福感,需要注重发展的多维性和多元性,不断满足居民的多样化需求。需要继续深化收入分配制度改革,缩小收入差距。需要关注机会均等和社会公平,增强收入流动性,增加对收入预期的影响进而增强对居民幸福感的正向影响,最终提升居民幸福感并促进社会和谐发展。

江苏省按照居民收入增长与经济发展、劳动报酬增长与劳动生产率提高"两个同步"的要求,把大力实施居民收入增长计划作为保障和改善民生的"硬任务"。江苏提出的居民收入七年倍增计划,以 2010 年为基数,剔除价格因素,全省到 2017 年实现居民收入倍增。尽管由于经济下行使江苏原订的倍增计划实现时间有所延长,但预计仍能提前完成全国翻番目标。江苏实施居民收入倍增计划突出把握三个方面:一是注重系统安排。按照又好又快推进"两个率先"、让人民生活更幸福的要求,把实施收入倍增计划放在经济社会发展大局中统筹谋划,使其与中央的要求相适应、与省"十二五"规划相衔接、与"八项工程"相配套,力求具有指导性、针对性和可操作性。二是推进重点突破。在目标人群上,着眼实现"三个高于",即职工最低工资标准增幅高于 GDP 增幅,农民收入增幅高于城镇居民收入增幅,低收入者收入增幅高于全省平均水平;突出"四个群体",尤其是把促进农民增收列为重中之重。在路径安排上,着力促进居民工资性、经营性、财产性、转移性收入全面增加,将解决现阶段重点问题与建立健全长效机制结合起来,将整合现有政策、加大执行力度与改革创新、力求有新突破结合起来。三是彰显民生特色。从健全社会保障体系、强化基本公共服务、加快保障性安居工程建设、深入实施脱贫奔小康工程、完善社会救助体系等方面,发挥政府在国民收入再分配中的主导作用,用更大力度办好民生实事,增加居民收入的"含金量"。

在此过程中,江苏主要采取了推进就业惠民、实施创业富民、促进农民增收、提高职工工资性收入、增加居民财产性收入、健全社会保障体系、强化基本公共服务、加快保障性安居工程建设、深入实施脱贫奔小康工程、完善社会救助体系"十大措施"。自2011年启动实施居民收入倍增计划后,城乡居民收入继续保持稳定增长,2013年城镇居民人均可支配收入达到32538元,比2010年的22944元增加9594元,增长41.8%(未剔除物价因素);农村居民人均纯收入达到13598元,比2010年的9118元增加4480元,增长49.1%(未剔除物价因素)。城乡收入差距呈现出由扩大到缩小的趋势,城乡居民收入比由2000年的1.89逐渐上升到2009年的最高峰2.57,然后逐步缩小,到2013年为2.39。与国内其他地区比较,2013年江苏城镇居民人均可支配收入为32538元,位于上海、北京、浙江和广东之后,居第5位;2013年农村居民人均纯收入为13598元,位于上海、北京、浙江和天津之后,仍居第5位。根据国家统计局首次公布的不分城乡的全体居民数据,2013年江苏全体居民人均可支配收入为24776元,比上年增长10.3%,比全国居民的18311元高出6465元,增速则落后0.6个百分点,在全国各省区市中排第五位,前四位是上海、北京、浙江和天津。

但是从近三年居民收入情况分析,当前居民收入增长存在的主要问题是:一是增幅逐年下降。2011—2013年城镇居民人均可支配收入实际增长分别为9.2%、9.9%、7.2%,农村居民人均纯收入增长分别为11.9%、10.1%、8.7%,增幅呈逐年下降趋势,且平均增长水平均低于前十年的平均增长水平。二是实际增长率低。剔除物价上涨因素,2013年城镇居民人均可支配收入仅比上年增长 7.2%,农村居民人均纯收入仅比上年增长 8.7%,居民对收入增加的感受不明显。三是收入差距较大。城镇最高收入户(占 10%)的人均收入是最低收入户(占 10%)的 7.3 倍,农村高收入户(占 20%)的人均纯收入为低收入户(占 20%)的 7 倍。且城乡之间收入绝对额差距也在扩大,2010 年差距为 13826 元,2011—2013 年分别达到 15536 元、17475 元、18940 元。在居民收入地区差距方面,苏南与苏中、苏北居民人均可支配收入差距越来越大。四是增收渠道单一。工资性收入的增加仍是收入增长的最主要因素,近三年城乡居民工资性收入增加额分别占到收入增加总量的 65% 和 53%。上述问题存在的主要原因包括:

一是工资收入增长后劲不足。由于经济下行,作为吸纳就业主力军的中小企业,本就面临融资难、技术创新能力不足和税费负担过重的困难,如果再片面强调工资增长,必然使中小企业尤其是劳动密集型企业雪上加霜,同时,国有大型企业也在控制工资总额的增长。因此,作为居民收入主要来源的工资性收入,其增长也遇到了前所未有的困难,显得后劲不足。

二是低收入人群对收入增长的下拉作用明显。2013 年全省城镇居民人均可支配收入中位数 28654 元,比平均数低 3884 元;农村居民人均纯收入中位数 11979 元,比平均数低 1619 元,城乡都有超过 50% 的居民收入水平低于平均水平。由于劳动力供给充足,职工处于工资协商的劣势地位,企业主主观上又缺乏给职工增加工资的动力,执行最低工资标准大行其道,初次收入分配欠缺公平,导致低收入人群比重偏大,下拉了全体居民收入的增长。

三是绝大多数居民经营性收入增长缓慢。居民总体创业热情不高,从事经营的人数占比较低,且税费负担较重,经营效益也不理想。以 2012 年为例,江苏省 GDP 是浙江省的 1.56 倍,但税收收入和非税收入是浙江省的 1.71 倍。此外,资本、技术等生产要素只有少数人掌握,绝大多数普通居民不具备获取经营性收入的最基本条件,因此,尽管全社会居民经营性收入总量在不断增长,但对大多数居民来说,经营性收入增长仍较缓慢。

四是财产性收入对居民收入增长拉动作用不明显。大部分普通居民除少量货币性资产外,所拥有的财产主要包括自住住房和不能随意改变用途或变现的承包土地。在推进城镇化过程中,由于土地征用等原因一部分居民增加了财产性收入,这也是近年来财产性收入增长较快的主要原因,但获益人数占比较低,且积累的财产缺少投资增值渠道,不能对收入增长起到持续拉动作用。

五是转移性收入持续大幅增长困难。近年来,各级政府加大了民生领域尤其是社会保障领域的公共财政投入,转移性收入已成为城市居民的第二大收入来源,农村也随着社会保障体系的逐步完善,转移性收入有了大幅增长,收入占比由 2010 年的 6.7% 提高到 2013 年的 8.5%,累计增幅达 91%。但是,随着财政收入增长趋缓,居民主要依靠政府财政投入增加的转移性收入越来越具有不确定性,持续大幅度增长面临较大困难。

在经济新常态下,按照相关测算,我国要实现到 2020 年 GDP 比 2010 年翻一番的目标,"十三五"时期,我国年均增速需要达到 6.5%。江苏要实现率先翻番计划,必须提高发展的平衡性、包容性、可持续性,保持经济中高速增长。在新的历史时期,必须采取有效措施,进一步努力让人民群众过上更加美好的生活,让人民群众共享更多改革发展的成果,为民生幸福建设奠定坚实的物质基础。要深化收入分配制度改革,努力实现劳动报酬增长和劳动生产率提高同步，完善以税收、社会保障、转移支付为主要手段的再分配调节机制，完善收入分配调控体制机制和政策体系。要推动大众创业、万众创新，健全创新创业政策体系，完善服务体系，优化发展机制，千方百计支持创业创新，增加人民群众收入，促进社会纵向流动和公平正义。要把促进就业放在政府工作的首要位置，加强对灵活就业、新就业形态的支持，加强就业培训，完善劳动市场，全方位拓宽就业渠道，提高企业最低工资标准，提高技术工人待遇，使大部分居民能通过就业提高工资性和福利性收入。要完善城乡社会保障制度，建立城镇低保户廉租房制度。在此基础上，必须进一步扩大社会保险覆盖范围，稳步提高参保对象的保障待遇；不断扩大城镇低保户保障面，提高保障标准；完善城乡最低生活保障制度，落实农村五保户政策；建立城镇居民基本医疗保险和农村新农保相衔接的医疗救助制度，拓展社会救助范围。

第三节　提升江苏居民收入的路径探讨

实现居民收入增长，需要在持续推进经济高速增长的过程中，针对城乡居民收入提升过程中面临的难题，设定切实可行的目标任务，统筹推进、分类施策，在财税、金融、民生保障等领域打好组合拳，共同构建起相互协调、统筹共进的长效机制。

一、加快完善收入分配制度

收入分配制度是指收入分配交易规则的总和，是以规则和条文体现出来的各个分配主体之间的权力与利益的关系。从我国收入分配制度来说，坚持的是以按劳分配为主、多种分配形式并存的基本分配原则。从分配层次来说，分为初次分配和再分配。初次分配是指企业单位内部的分配,其依据主要是效率原则。初次分配是国民收入分配的起点,其公平性也是整个收入分配公平的基础。再分配是指在初次分配基础上,政府通过税收、政策、法律等措施,调节各收入主体之间现金或实物的分配过程,也是对要素收入再次调节的过程。

随着经济的快速发展和居民收入水平的提升,城乡居民收入来源呈现出多元化的态势。同时,随着经济发展进入转型换档期,经济利益在不同群体间重新分配调整,收入差异问题逐渐引起重视。当前,我国收入分配领域存在的主要问题表现在分配秩序不规范和分配关系不合理等方面。而导致城乡居民收入差距的原因在于人力资本差异导致工资性收入差距拉大,产业间劳动生产率差异导致经营性收入差距拉大,社会保障水平差异导致转移性收入差距拉大。可以说,收入差距的扩大也日益凸显,既体现在不同区域之间和城乡居民之间,也体现在不同行业、不同部门、不同阶层之间,后者尤为公众所关注和感受强烈,阻碍着经济社会又好又快发展。因此,深化收入分配制度改革,促进收入增加和公平分配成为社会关注的热点和政府工作的重点。

党的十八大提出"实现发展成果由人民共享,必须深化收入分配制度改革"的要求,2013年国务院下发了《关于深化收入分配制度改革的若干意见》,为完善收入分配结构和制度、增加城乡居民收入、缩小收入分配差距、规范收入分配秩序提供了收入分配制度改革的方向。党的十八届五中全会提出:"实行有利于缩小收入差距的政策,明显增加低收入劳动者收入,扩大中等收入者比重。加快建立综合和分类相结合的个人所得税制。规范收入分配秩序,保护合法收入,规范隐性收入,遏制以权力、行政垄断等非市场因素获取收入,取缔非法收入。支持慈善事业发展,广泛动员社会力量开展社会救济和社会互助、志愿服务活动。完善鼓励回馈社会、扶贫济困的税收政策。"江苏一方面要按照国家关于深化收入分配改革制度顶层设计的要求,推动中央决策部署落地生效;另一方面要找准本地完善收入分配制度的着力点,结合实际推动政策创新。比如,在让农村居民共享发展成果上,通过税费减免、岗位免费培训等政策大力支持劳动密集型企业、小微企业、服务业在农村的发展,为农村居民创造更多本地化就业岗位;在继续提高最低工资标准的基础上,健全工资正常增长机制,尤其是对于收入水平相对较低的居民服务业、住宿餐饮业、建筑业和商务服务业的增资进行督导;加大财政支出对农村基础设施建设、社会保障、教育、医疗等民生领域的投入力度,加快推进城乡社保统筹,加强对困难群体的救助和帮扶。

二、把提升江苏农村居民收入水平作为重中之重

农民收入增长是居民收入倍增计划的重点,也是需要攻克突破的难点。长期以来,农民收入增长受到诸多因素的综合制约,如在制度方面,受农村土地经营制度、农村金融体制、宏观财政调控偏向因素和户籍制度、歧视性的就业制度以及影响产权界定明晰等一系列制度因素影响,难以形成土地规模化经营和实现农业现代化;在人力资本方面,农村劳动力中文盲、半文盲比重大,技术人员少,农民接受和应用农业新技术、新成果的能力较低,制约了农民家庭经营性收入和工资性收入的提高;在经济因素方面,受到农业的"积弱"性、农业的生产模式和生产结构不合理、宏观政策和经济环境的影响,农民收入增长缓慢。

近年来,江苏深入实施农民收入倍增计划,以加快工业化

进程提升农民增收速度,以加快农业现代化进程夯实农民增收基础,以加快城镇化进程拓宽农民增收渠道,以加快城乡发展一体化进程激发农民增收活力,组织实施促进农民创业、促进农民就业、发展现代农业、发展乡镇企业、发展合作经济组织、完善农业社会化服务、发展村级集体经济、完善农村社会保障制度、加大扶贫帮困、深化农村改革十项富民行动,强化强农、惠农、富农等一系列政策支持力度,创新农业经营体制机制,不断深化农村各项改革,加快构建以家庭经营收入为基础、工资性收入为重点、财产性收入和转移性收入比重稳步提高的农民收入快速增长长效机制,取得显著进展。2014 年江苏农村常住居民人均可支配收入为 14958 元,比上年增加 1437 元,增长10.6%;人均可支配收入中位数 13312 元,增长11.8%;人均消费支出 11820 元,增长 9.9%。但是在看到成绩的同时,更要保持清醒的头脑,直面农民增收面临的新挑战。要认识到江苏农村居民收入之所以快速增加,主要依靠农村劳动力在城市的打工收入、农产品产量增加、收购价格提高、乡镇企业等非农产业发展和农业税赋减免等,而目前农村居民赖以增加收入的主要因素正发生着变化,使农民增收面临新的挑战,主要有:

一是农民工资性收入增长幅度放缓。工资性收入占农民全部收入比重为 53% 左右,是农民增收的主要来源。2012 年农民工资性收入增长 12.7%,2013 年增长 12.3%,2014 年增长10.9%,增长幅度放缓。目前,江苏省农村劳动力转移到非农产业的比例已经超过了 70%,进一步转移农村劳动力的空间变得非常有限。同时,在经济发展新常态下,农民就业形势也发生了变化,实现充分就业的难度逐渐加大。

二是农业经营性收入增长十分困难。受资源要素约束、农业生产成本上涨、农业生产疫情、国际市场冲击等多方面影响,农业内部增产增收、提价增收空间有限。近年来,农业生产资料、劳动力、土地流转等支出持续上涨,农业生产的成本"底板"被不断抬高。同时,对小麦、稻谷等农作物的支持总额已经达到了我国向世贸组织承诺的上限,进一步加大农业生产补贴遇到了"天花板"。2014 年底,江苏人均耕地不足 1 亩,粮食生产已经实现"十一连增",资源利用状况达到了一定的高度,实现继续增产空间有限。

三是农民进城就业技能要求日益提高。无论是农业科技的技术与推广、农业经营效益的提升,还是技术型岗位的适应都取决于劳动者素质的高低。目前城市就业岗位对专业技能的要求不断提高,农村居民进城务工的难度日益加大,也对农村居民增加打工收入产生了很大影响。

四是农民进城生活成本不断增加。随着物价水平的不断提高,农村居民在城市生活的平均成本不断增加,公共服务难以均等化,也增加了农村剩余劳动力转移的难度。

针对这些问题,要紧密结合江苏省增加农民收入的实际,一方面,在增收路径上,更加突出"强基础",就是向科技要产出、向规模要效益、向改革要红利。在加快推进工业化、城市化的进程中,加快农业转型升级,发展农业适度规模经营,深入挖掘农业内部增收潜力,是江苏的特色之一。需要进一步推进农业科技创新、深入开展高产创建,探索出一条粮食稳定增产增效的新路子。同时,大力发展高效设施农业,推动农业发生"质变"。鼓励农业龙头企业采用价格保护、利润返还、股份分红等方式,带动农民增收。坚持把发展合作社作为提高农业生产组织化、规模化、产业化水平的重要载体,进一步扩大单体规模,提高运行质量,增强服务功能,规范合作组织发展,发挥合作社富民增收的带动作用。另一方面,更加突出"拓渠道",优化结构增收入，多源创收添"活水"。工资性收入占农民收入的很大比例，也是农民收入的主要来源。数据显示，一直以来，工资性收入占农民人均纯收入的比重都在50％左右，并呈现稳定提高的趋势。据监测，2014年江苏外出农民工月收入3291元，比上年提高10.5％。为拓展就业渠道和增创增收空间，江苏各地须按照培训、就业、维权"三位一体"的要求，通过加强职业技能培训、推进公共就业服务均等化及改善进城务工农民就业环境，加快实现农村劳动力向第二、三产业和城镇转移就业。

在落实促进江苏农村居民增收的举措方面，特别从江苏农民收入来源的实际出发，促进制度性改革，坚持多予少取放活的方针，多策并举，持续稳定提高农民收入。

一是转变农业发展方式，推动农业发展提质增效促增收。推动农业发展由主要依靠数量增长向以数量增长、质量增优并重转变。在稳步提升"米袋子"、"菜篮子"产品产能的基础上，改变资源利用方式，提高投入品利用率，促进提质增效。推动农业生产由区域分散布局向专而特、区域化、规模化方向转变，提升优势农产品区域化、规模化生产水平。推动农业经营由传统分散经营向新型经营主体适度规模经营转变，加快培育家庭农场、种养大户，规范发展农民合作社，通过做优做强农业龙头企业，构建并完善农业社会化服务体系，发展多种形式的适度规模经营。

二是加快新型城镇化发展进程，促进农村居民增收。通过农村劳动力转移、引导符合条件的农村居民进城定居，提升丰富新型城镇化发展内涵，进一步富裕农村居民。在城市，进一步加快制度创新，通过深入实施户籍制度、就业制度、社会保障制度、就学制度、住房保障等制度改革，破除体制机制和政策障碍，加快农民工市民化进程。在农村，通过完善土地承包经营权流转机制、健全农业社会化服务体系、强化农业信贷和保险服务等,进一步促进农业适度规模经营,实现农业规模经济,提升农业生产能力,增加广大农村居民务农收入。在加快新型城镇化发展进程中先行先试,探求突破。

三是支持鼓励农民创业,促进农业与二三产业融合发展。在农村居民家庭经营性收入中,由于农产品价格不稳定、自然环境影响等因素,依靠传统农业增收越来越显乏力,要稳定并提高农村居民家庭经营性收入,必须加快产业结构调整,不断提高家庭二三产业经营收入比例。特别是在经济下行压力较大时期,要针对农民工返乡增多、劳动力转移和农村居民增收难度加大的情况,鼓励支持农村居民自主创业、返乡创业,并给予宽松的创业环境和优惠的政策扶持;要延长农业产业链,打造特色农业品牌,促进乡村旅游发展,打造精品农业旅游线路,让更多的农村居民从中直接受益。

四是放大农村土地和集体经济的富民效应,多渠道增加农民财产性收入。财产性收入既是收入差距产生的原因,也是缩小收入差距的突破口。创造条件提高财产性收入时,应避免马太效应,让增收覆盖和惠及范围更广,收入分配更加注重公平;要推进农村土地制度改革,在确保土地公平、规范、有序流转基础上,赋予农民对土地和房屋抵押、担保、转让等更多权利;要全面推进村级股份制改革,突破村级集体资产所有权虚化的体制瓶颈,把属于农村居民的集体资产量化到每个人,做到人人享有集体股权;要发展和健全农村金融市场,开发符合农民理财需要的投资门槛低、风险小、收益较为稳定的金融理财产品,鼓励和引导农民对闲散资金合理投资、稳定获利增收。

五是提高农村劳动力素质,促进城乡就业机会公平。劳动力素质高低与劳动者收入多少密切相关,提高农村劳动力素质是提升其收入的关键。要将农民工的能力素质培训纳入政府财政支持范围,根据企业用工需求和农民就业意愿,开展多渠道、多层次、多形式的职业教育和技术培训,同时通过搭建平台为农村务工者免费提供岗位信息和就业服务;要加大对农民工劳动权益保护力度,加强对用工单位合理合法用工的监察力度,提升农民工法律维权意识,清理各种针对农民工就业的不合理的歧视性规定,使农民工和市民享有平等就业的机会,实现同工同酬、同岗同权;要将教育资源更多地向农村倾斜,逐步缩小城乡教育资源不均的差距,在改善农村学校硬件设施的同时,增强农村的师资力量,提高农村学校的教学质量,促进教育公平。

三、多措并举协同提升江苏城镇居民收入水平

从宏观经济角度来看,制约城镇居民收入提升的因素主要有以下几点:一是经济环境变化因素。世界经济运行虽然出现恢复性好转迹象,但经济持续复苏的基础依旧脆弱,全球仍将保持较低通胀率,主要经济发达国家生产不足、高失业率和金融危机的影响还将持续下去,外需明显减少。国内经济从 2011年进入下降通道,内需转弱,房地产市场需求趋冷,消费品价格涨幅回落,经济增长速度降低。就江苏而言,经济增长速度在国际金融危机后开始放缓,从 2008 年的 12.7% 回落到 2013 年的 9.6%。此外,江苏经济发展中积累的结构性矛盾也逐渐凸显,产业结构不协调,产能过剩现象严重;需求结构不尽合理,经济增长过多依赖于投资和出口;收入分配结构不够完善。未来经济发展方式转变将促使经济结构优化调整成为常态,江苏经济将进入中高速增长的换档期,经济增速放缓也直接影响居民收入的快速增长。二是企业运营因素。企业特别是中小企

业生产经营仍然困难,受原材料价格波动和财务成本、用工成本上升等因素影响,企业效益下降。外贸增长下滑,出口型企业发展面临困境,导致就业岗位流失。劳动合同制度不健全,同工不同酬,企业工资分配制度不合理,利润侵蚀工资,工资集体协商机制未真正形成,劳资力量不对等。三是就业与劳动力转移因素。2014 年全国大学毕业生 727 万人,加上上一年度尚未就业的大学生,2014 年实际需要就业的高校毕业生人数多达810 万,就业形势仍难以好转。另一方面,人口红利逐渐开始消失,农村剩余劳动力锐减,劳动力比较优势减弱。江苏 2013 年15−64 周岁劳动年龄人口占常住人口的比重与 2010 年相比下降了 0.9 个百分点,同时,65 周岁及以上的老年人口占全体人口的比重高于国际老龄社会标准近 5 个百分点。就业规模和结构变化在倒逼发展方式转变的同时会削弱产业竞争力。此外,江苏结构性就业矛盾依然突出,全省统一规范的人力资源市场尚未形成,市场分割、制度障碍等问题没有完全解决。四是居民财产保值和增值因素。居民财产保值渠道较为单一,江苏城镇居民财产性收入主要源于房产租赁、房产增值与金融资本市场获利两个方面。财产投资增值渠道不畅,对江苏居民资产配置情况的调查问卷显示,58.09% 的家庭每年用于投资的资金占总收入的比重在 20% 以下。五是宏观分配和财税政策等制度因素。国民收入一定的情况下,提高居民收入,必然要求政府通过调整财政和税收政策,让利于民。但民生建设等对财政支出的刚性需求制约着政府减税让利政策的实施,地方政府在收入分配方面的政策实施又受制于国家的政策约束,因而可灵活操作政策的空间不大。

此外,相关研究表明,江苏居民收入增长还面临如下几个难点:一是民营企业关。对民营企业而言,资本属私人所有,实施政府提出居民工资倍增计划容易在私人资本面前打折扣。二是垄断企业关。垄断企业通过资源垄断等非劳动因素获得巨额利润,其员工的平均工资本身已经大大超过其他行业人均工资,继续上调工资可能性不大并可能造成更大的收入差距。三是物价关。收入增长的同时,如果伴随着物价过快增长,那么收入实际增长的部分就很可能被更加迅猛增长的物价所抵消,从而产生"被增长",甚至是"负增长"。

为此,江苏唯有下更大力气落实促进城镇居民增收举措,不断增加居民收入含金量,才能有效实现居民增收。尤需关注以下两个方面:

一是突出提高居民工资性收入的基础。

就业是居民增收的基础,而职工是促进城镇居民增收的重点突破人群,劳动者只有实现充分和有质量的就业才能有稳定的收入。基于当前就业形势,江苏在推进就业方面,需着眼于增加和提高劳动者收入,强调更加积极的就业政策的重点和方向。进一步提升就业质量,有效落实促进就业的金融、贸易、产业政策及税收优惠政策,不断完善经济发展和扩大就业良性互动、产业和就业结构同步调整有机结合的长效机制;推动"大众创新、万众创业",扶持劳动者多途径、多形式就业,不断拓宽就业渠道。进一步帮扶重点群体就业,加大就业困难人员援助力度,对公益性岗位和各类企业招用就业困难人员按规定予以相应补贴。畅通高校毕业生到基层、中小企业就业和自主创业渠道,继续加大购买基层公益性岗位,重点帮扶家庭困难的高校毕业生实现就业。进一步优化公共就业服务。完善就业服务体系,建立重点企业用工需求信息平台,健全面向全体劳动者的职业培训制度。在健全工资性收入保障机制方面,应进一步完善工资决定、正常增长和支付保障机制,不断加大对企业工资分配的调控力度,实现最低工资标准动态调整机制,探索发布行业性最低工资指导标准,定期发布全省企业工资指导线,指导企业形成以一线职工为重点的工资正常增长机制;大力推进工资集体协商制度,扩大工资集体协商制度覆盖面,重点解决建筑工程领域农民工工资支付保障问题。深化机关事业单位人员收入改革,建立健全事业单位绩效工资制度,建立机关工作人员津贴补贴水平正常增长机制。

二是突出补齐居民财产性收入的"短板"。

居民财产性收入,一般意义上看,可分为家庭拥有的动产(如银行存款、股票、期货等)和不动产(如房产、车辆等)所获得的收入。财产性收入占居民总收入的比重,是衡量一个国家或地区居民富裕程度的重要指标。

纵观江苏居民财产性收入发展进程,在迅速提高并成为居民收入增长亮点的同时,也存在着比重偏低等问题,主要表现在:居民家庭财产性收入来源渠道仍然较窄。近年来,随着资本市场的发展,投资门槛降低,普通居民也可以通过投资理财方式获得收益,然而由于大多数收益相对较高的银行理财产品投资起点也同时较高,加上居民大多偏向于看得见、摸得着、投资风险相对较低的投资理财产品,因此大部分中低收入者的投资理财方式仍以购买房产进行出租和银行储蓄为主,大多数居民家庭投资理财渠道较少,因而财产性收入比重仍然较小。2014 年,在构成居民家庭总收入的工资性收入、经营净收入、财产性收入和转移性收入四个部分中,财产性收入所占的比重是最低的,而且高收入与低收入家庭的财产性收入差距显著性进一步扩大。据调查,2006 年到 2013 年,20% 高收入家庭与 20% 低收入家庭人均纯收入差额由 10209 元上升到25387 元。

借鉴国内外专家的观点,提高财产性收入最重要的措施就是发展各类要素市场,特别是资本市场,大致分为以下几种:政府从制度上支持提高居民财产性收入,最直接的方式是增加劳动报酬在初次分配中的比重,促进居民增收,为积累财产创造条件;发展证券市场增加财产性收入,积极鼓励和支持大量优质公司上市,为居民在股票市场上扩大财产性收入创造条件;通过员工持股计划提高职工收入,让企业员工通过投资购买、贷款购买或红利转让、无偿分配等方式认购本公司部分股权,使得员工持股按股分享红利;充分发挥社保基金特别是养老保险基金作为机构投资者的作用,让社保基金积极稳妥地进入资本市场,实现保值增值,使城乡居民都能共享社保基金提供的"财产性收入"。因此,江苏需要积极探索农村资源资产化、资产资本化、资本股份化的有效实现形式,创造条件让居民拥有更多的财产性收入,如在金融资产增收方面,通过深化发展资本市场,采取员工持股计划、推动股票上市等方式,为居民拓宽理财渠道;在利用有形资产增收上,健全居民财产特别是农村土地征用补偿机制,不断挖掘财产增收价值。

四、以实现整体帮扶为关键举措实现共享发展

农村贫困人口脱贫是全面建成小康社会的基本标志。江苏认真贯彻落实党中央、国务院方针政策,持续加大投入力度,注重创新扶贫开发机制,动员各方力量广泛参与,逐渐探索出了一条"政府主导、社会参与、自力更生、开发扶贫"的符合江苏省情实际的扶贫开发路子"。江苏近几年通过对贫困户准确识别、建档立卡,对扶贫对象实行动态管理、分类帮扶,提高精准扶贫水平。对有劳动能力的,实施开发式扶贫,扶持发展高效种养业等周期短、见效快项目,大力开展技能培训,促进转移就

业,帮助增收脱贫;对确实没有劳动能力的特殊困难户,由政府兜底,纳入农村低保予以解决;坚持扶贫到村到户,推动帮扶工作落地见效;突出重点片区帮扶,集中力量打歼灭战;加大财政投入力度,创新扶贫资金使用机制;注重区域发展和扶贫开发良性互动,加快苏北全面小康建设进程,取得了显著进展。

应该说,江苏省经过多年努力基本消除了绝对贫困现象,但由于多方面的原因,目前还有一些农户收入偏低、生产生活较为困难,一些地区的经济社会发展滞后,以减少相对贫困为主要特征的新时期扶贫开发任务仍十分繁重。据江苏住户调查资料,2014 年低于全省农村常住居民人均可支配收入的人口占住户调查总人口的 55.6%,高于全省农村常住居民人均可支配收入的人口占 44.4%,即按升级版的江苏全面建成小康社会指标体系(2013 年修订,试行),没有超过 50%。这部分家庭中,有劳动能力人口占常住总人口的 67.9%,接近 70%,对这部分人群,实施开发式扶贫是解决相对贫困的主要途径。据江苏省农委资料,2014 年全省行政村村平均集体经营性收入 168.59万元,分区域村平均集体经营性收入,苏南、苏中、苏北地区分别为 467.01 万元、113.61 万元、54.91 万元,收入比为 8.51:2.07:1(以苏北地区为 1)。2013 年人均公共财政预算收入苏南、苏中、苏北分别为 10697 元、6076 元、4958 元,比值为 2.16:1.23:1。农村居民人均纯收入分别为 19107 元、14375 元、11769 元,比值为 1.62:1.22:1,全省最低县农民人均纯收入仅为全省平均的 69.8%。从农民增收看,当前,农村人口"老龄化"、乡村"空心化"现象日益严重,农村发展缺乏活力。从集体增收看,经济发展进入新常态后,经济下行压力增大,村级经济发展受到冲击,不少村的标准厂房、门面房出租困难,有的地方出租率只有 1/3,对增加村级收入造成不小影响。

从世界减贫形势而言,世界银行《社会保障、贫困与 2015 年后的发展议程》[①]指出,目前,以"日均 1 美元"计算的全球贫困率已经减半。2015 年与 1990 年相比减贫形势有两个鲜明的特点:一是不平等的加重。有分析表明,全球最为强劲的经济力量其实是在扩大不平等。二是穷人在风险冲击下的脆弱性引起了越来越多的关注。即风险和脆弱性在最贫困群体生活中扮演起了核心角色。这些脆弱状况(比如身体健康状况不佳)总是与贫困群体如影随形。应当将消除贫困、解决日益严重的不平等和脆弱性问题作为 2015 年后发展议程的主要部分。

改革开放以来,国家和江苏省省定扶贫标准是动态调整的。我国制定的第一个国家农村贫困标准是 1985 年农村人均纯收入 206 元(通常也称为温饱标准或绝对贫困标准),其后历经 7 次调整,2011 年,中央决定将农民人均纯收入 2300 元(2010 年不变价)作为新的国家扶贫标准。这一新标准比 2010 年的 1274 元扶贫标准提高了 81%,与此对应的扶贫对象人数增加到 1.22 亿人(2011 年底数)。新的国家扶贫标准,不仅考虑了基本生存需要,而且兼顾了部分发展需要,体现了我国政府决心覆盖更多扶贫对象,让更多低收入农民群众享受扶贫政策扶持,共享改革发展成果。从江苏省来看,全省最早将农民年人均纯收入 1200 元作为省定扶贫标准。2006 年,省定扶贫标准为年农民人均纯收入 1500 元。2008 年,提高到 2500 元。2012 年,全省将农民人均纯收入 4000 元作为新一轮扶贫标准,其中,苏中地区自行确定为 5000 元,苏南地区确定为 6000 元。按照新的标准,尚有 220 万人尚未脱贫,主要集中在苏北地区。

---

① 左常升主编:《国际减贫理论与前沿问题 2014》,中国农业出版社 2014 年版,第 126 页。

今后一个时期,江苏扶贫开发进入了重点解决相对贫困的攻坚和决胜性阶段。"围绕要让农民过上幸福美满生活,一人不少、一户不落的目标,需要进一步强化科学扶贫、内源扶贫意识,创新扶贫开发工作机制,着力构建完善建档立卡、挂钩帮扶、派驻工作队、财政投入、扶贫小额信贷、社会保障、考核评价等方面的机制和制度,不断提高新时期扶贫开发整体水平。"[1]"要实施精准扶贫、精准脱贫,因人因地施策,提高扶贫实效"[2],结合新阶段江苏农村贫困新特征,通过分类扶持贫困家庭,探索对贫困人口实行资产收益扶持制度,提高经济薄弱地区基础教育质量和医疗服务水平,建立健全农村留守儿童和妇女、老人关爱服务体系,帮助相对贫困人口增加收入、提高生活质量,缓解社会贫富差距,使改革发展的成果惠及全体人民,切实巩固全面建成小康社会的民生幸福基础,让全体人民朝着共同富裕、共享幸福的方向稳步前进。

---

[1]　徐鸣:《江苏在更高层次上推进新时期扶贫开发》,《江苏农村经济》特稿,2015年第 4 期。

[2]　《中共中央关于制定国民经济和社会发展第十三个五年规划的建议》。

第四章
民生幸福之制度保障：基本公共服务均等化

　　加快推进基本公共服务均等化、不断提升公共服务水平是我国经济社会发展中的重大政策选择，与基本公共服务均等化紧密相关的制度体系也构成了民生幸福建设的重要制度保障。系统梳理基本公共服务均等化与民生幸福的关系，总结江苏已有的民生幸福制度体系，对今后的制度进行设计，具有重要的现实意义。

第一节　基本公共服务均等化与民生幸福

　　一般意义上看，基本公共服务均等化是指政府在教育、就业、医疗、养老、住房等基本民生领域向人民群众提供均等化产品和服务的制度性安排。基本公共服务均等化既会不同程度地影响着收入分配的结果公平，又通过医疗、教育、就业等间接途径对起点公平和过程公平产生影响，因此，基本公共服务均等化对分配和增长的关系产生重要影响。系统探讨基本公共服务均等化，有利于体现公平正义，增进民生幸福，避免"福利依赖"，促进经济发展。

一、公共服务的维度与分类

公共服务是理论探讨和实践工作中的重要概念，但目前社会各界对"公共服务"仍未形成一个统一的概念界定，不同研究者从其各自不同的视角，提出了对公共服务内涵的不同理解。对这些理解进行梳理和归纳，公共服务内涵至少有以下三个主要维度：

首先，公共服务主要是政府的职能并由政府提供和直接供给。这一研究结论又有两种不同的观点：一种观点是宏观意义上的公共服务，将公共服务的内涵等同于政府职能，认为政府行使所有职能都是在提供公共服务；另一种观点是狭义上的公共服务，认为根据政府职能的划分，公共服务是除经济调控、市场监管和社会管理之外的政府活动。

其次，公共服务就是经济学意义上的公共物品，公共服务等同于公共物品。目前较多的学者持有这一观点。根据萨缪尔森的经典表述，公共物品是指"每个人对这种产品的消费，并不能减少任何其他人也消费该产品"。后来奥尔森、斯蒂格利茨等研究者对公共物品概念作了进一步的扩展，其中以斯蒂格利茨的表述最为经典。他指出："公共物品是指这样一类物品，在增加一个人对它分享时，并不导致成本的增长，而排除任何个人对它的分享却要花费巨大成本。"[①]此后，人们通常以非竞争性和非排他性来从理论上定义公共产品的概念，并认为由于具备这两个方面的特征市场无法有效供给公共品，因而应由政府来供给。

再次，公共服务满足的是公共利益和公共需求。这种观点

---

① ［美］斯蒂格利茨著，姚开建、刘凤良、吴汉洪等译：《经济学》，中国人民大学出版社 1997 年版，第 147 页。

主要是基于公共利益视角,认为公共服务源于公共需求,强调其公共特性。公共服务就是通过提供物化形态和非物化形态的服务满足公共需求的过程。[①] 由于公共需求随社会经济环境的变化而变化,且公共利益直接体现社会价值导向和价值判断,因此,不同历史时期,在持有不同社会价值观念的不同国家,人们对公共服务的内涵及范围也有不同的认识。

为了更好地理解公共服务内涵,可以从不同的角度对公共服务进行分类。比较常见的是按照内容划分,将公共服务分为三大类,即:政权性公共服务(包括立法、司法、行政、外交等)、经济性公共服务(包括生产性、生活性及公益性基础设施,如水、煤、电、邮电、通讯、环境保护等)和社会性公共服务(包括就业、公共教育、公共医疗和社会保障等)。在这三类公共服务中,第一类公共服务有的具有纯公共产品特点,政府一旦提供,全民都均等消费,有的与居民利益间接相关,居民对其敏感度不高。第二类公共服务往往具有典型的规模经济和自然垄断特性,与经济发展和居民生活都有关联性,从目前来看,这类公共服务的地区差异比较明显。本书对第二类公共服务的均等化问题不作重点研究。第三类服务具有公民权利性质,直接影响个人利益,居民对其敏感度较高,也关系到经济社会的协调发展。本书主要以第三类服务为研究对象,并将其作为基本公共服务均等化考虑的重点。

根据地域范围和供给主体不同,公共服务可以分为全国性公共服务和地方性公共服务,基本公共服务均等化考虑的重点主要是指地方性公共服务。根据公共需要程度不同,公共服务分为基本公共服务和其他公共服务。但基本公共服务包含哪

---

① 孙晓莉:《公共服务论析》,《新视角》2007 年第 1 期。

些内容,研究者们仍有不同的理解。多数研究者和研究结论主张：与民生息息相关的基础教育、就业服务、医疗卫生、社会保障、公共安全、生活基础设施、生态及环境保护、公共文化等应作为基本公共服务；并主张将基础教育、医疗卫生以及困难群体的基本生活保障等作为基本公共服务均等化优先考虑。我国社会学学者吴忠民认为民生内涵有广义和狭义之分,广义民生是指凡是同民生有关的,包括直接相关和间接相关的事情,涉及政治、经济、社会、文化等广泛领域；狭义民生主要从社会层面着眼,主要是指民众的基本生存和生活状态以及基本发展机会、基本发展能力和基本权益,它包括从低到高、呈现出一种递进状态的三个层面的具体内容：一是基本生计状态的底线,包括社会救济、最低生活保障、义务教育、基础性医疗卫生、基础性社会保障；二是基本发展机会和能力,包括促进充分就业、职业和岗位培训、消除歧视问题、提供公平合理开放的社会流动渠道以及与之相关的劳动权、财产权、社会事务参与权等基本权益保护问题。就本书而言,主要研究对象是指狭义民生类公共服务。

二、作为公平与程序正义的"均等"

"均等"是一个与公平、公正、正义、平等紧密联系的概念。在英语中,公平与 Fairness 相对应,正义(公正)与 Justice 对应,平等、均等与 Equality 相对应。这几个词汇含义比较相近,只是在不同的语境中存在着细微差别。一般认为,正义(公正)强调对制度规则作出的合理、均衡安排,同时体现出一种更高的精神内涵,涉及人的价值、尊严以及人的发展的根本问题；公平是指按照一定的社会标准,如法律、道德、政策规章等对人们实践活动中的行为进行评估评价和调节；平等强调权利义务的均等性,常与自由一词共同出现或联系使用。当然这种区分也是相对的,正如杰弗里·托马斯所言,正义与公平的日常含义如此接近,以至于作为"公平的正义"就像"作为实际的真实"一样能够引起人们同样的反应。本书认为,从词义上来看,均等与平等最为接近,但人们对均等、平等的看法与评价往往又与政治哲学中关于正义的讨论密不可分,也无法完全脱离公众对公平的直观感受,为此,人们所持有的公平、正义理念直接影响着其对均等问题的判断,但人们对公平正义的理解从来就没有形成完全一致的认识和理解,不同的人从不同的角度,基于不同的考虑,得出的结论也大相径庭。由于对公平的认识和理解不同,人们必然对均等理念和判断准则的认识产生较大差异。不同的均等理念和判定准则又直接决定人们对基本公共服务均等化状况的评估和评价,并进而左右着人们对基本公共服务均等化其它所有方面问题的看法。虽然国内绝大多数研究者都认为均等是指承认或允许存在一定差别和差异情况下的大体相等、总体均等,绝非绝对相等和平均主义,但对于均等化的内涵及价值判断,研究者们仍然没有形成一致的意见。

国内许多研究者和研究结论主张我国现阶段基本公共服务均等化应主要关注结果的均等。本书认为,现阶段对于程序平等和结果平等的同时关注,有利于在实现基本公共服务均等化的过程中更好地兼顾公平与效率。这主要因为,西方发达市场经济国家经过长达一两百年的发展,已经形成一套较为完善的市场制度体系,这些规则与制度能较好地实现规则和过程的公平和正义,为实现结果均等提供了必要的制度基础。而我国经过 30 多年的改革开放,虽然社会主义市场经济框架和体制基本建立并不断完善,经济建设和综合国力得到了快速发展,人们生活水平得到大幅度提高,社会成员自由发展的空间得到很大扩展，但由于种种原因，规则和程序的不公正以及由此造成的结果不平等（特别是收入的不平等）还在相当程度上存在。改革过程中某些精英群体如权力精英和经济精英之间的利益联盟、公共权力的不恰当扩张、地方保护主义盛行、城乡差异的公共服务供给制度、居民享受到的基本公共服务与户籍挂钩的制度安排等不合理现象不仅严重损害程序和规则平等，也造成大多数公众无法接受的结果不均等。同时，教育、医疗卫生等公共服务领域的过度市场化、产业化与逐渐扩大的收入不平等共同加剧了社会机会的不均等。从广义角度看，公正的制度、规则也是基本公共服务的内容，这些制度与规则直接决定社会成员所能享受的经济机会和社会机会的均等状况。为此，基本公共服务均等化必须对程序平等和结果平等予以同时考虑。程序平等主要致力于消除各种因素对经济机会的限制。结果平等关注社会公众对社会发展机会的均等享有，特别是基本公共服务底线水平的平均享有。

三、基本公共服务均等化与民生幸福关系

向社会成员提供均等化的基本公共服务，既是现代政府的基本职责，也是促进社会发展的重要政策选择。从官方语境对基本公共服务概念提法的演变来看，2005 年 10 月，党的十六届五中全会通过的"十一五规划建议"，首次提出基本公共服务均等化原则。2006 年 10 月，党的十六届六中全会①把"逐步实现基本公共服务均等化"提高到战略高度。党的十七大报告进一步指明了"基本公共服务均等化"的具体要求。党的十八大将"到 2020 年要达到基本公共服务均等化总体实现"纳入"人民

---

① 《中共中央关于构建社会主义和谐社会若干重大问题的决定》。

生活水平全面提高"的奋斗目标中。2013 年,党的十八届三中全会①将政府职能由"经济调节、市场监管、社会管理、公共服务"四项职责转变为"宏观调控、公共服务、市场监管、社会管理、环境保护"五大职能,并把公共服务职能的排序逐渐前靠,排至第二,并明确提出"紧紧围绕更好保障和改善民生,推进基本公共服务均等化"②。2015 年,党的十八届五中全会审议通过"十三五规划建议",明确提出:"要增加公共服务供给,从解决人民最关心最直接最现实的利益问题入手,提高公共服务共建能力和共享水平,加大对革命老区、民族地区、边疆地区、贫困地区的转移支付。"③

基本公共服务均等化与民生幸福的关系实际上是公平、效率与民生幸福的关系,换句话说,民生幸福就是处理公平与效率关系的基本精神。从民生幸福的角度来看,一方面,公平与效率在内在性质上是相互规定、相互影响的。效率应该是以公平为前提,不损害公平实现的效率,公平应该是确保效率,不损害效率实现的公平,最好的公平是有效率的公平,最好的效率也是讲公平的效率。另一方面,效率与公平在作用上也是相互补充的。在实现公平前提下,不断提高劳动者的劳动积极性是提升效率的根本途径。同时,效率也是公平得以持续保障和持续发展的动力。

基本公共服务均等化与民生幸福之间是手段和目的的关系。从价值判断来看,基本公共服务均等化,无论是倡导效率,还是重视公平,都只是均等化的手段性原则而不是目的性原则;从实践上看,正是通过增加教育、医疗卫生、住房保障等公

---

① 《中共中央关于全面深化改革若干重大问题的决定》。
② 《中共中央关于全面深化改革若干重大问题的决定》。
③ 《中共中央关于制定国民经济和社会发展第十三个五年规划的建议》。

共产品和公共服务供给，从而解决好人民群众最关心、最直接、最现实的利益问题，打通阻碍人民直观感受幸福的痛点和获取幸福的堵点，才会提升人民幸福指数，实现民生幸福。不难看出，从两者关系来看，基本公共服务均等化是手段和方式，民生幸福是目的和追求，是通过基本公共服务均等化而努力实现的目标。

第二节　江苏基本公共服务均等化的制度基础

民生幸福建设的首要任务是进行科学的制度设计和行动安排。从江苏民生幸福建设实践来看，2011 年，江苏在全国率先以省委省政府名义出台《关于大力推进民生幸福工程的意见》，提出大力增加城乡居民收入，构建终身教育体系、就业服务体系、社会保障体系、基本医药卫生体系、住房保障体系、养老服务体系等"六大体系"，更好地保障和改善民生。此后，江苏不断提升目标定位，丰富民生幸福内涵，适时把行之有效的政策措施上升为规章制度，为民生幸福的持续发展奠定了基础。

一、终身教育体系

教育是民族振兴和社会进步的基石，关乎个人未来和家庭幸福，既是国计，也是民生。江苏构建的终身教育体系是指："围绕办好人民满意的教育，坚持以育人为本，以提高质量为核心，以促进公平为重点，着力打造教育公共服务平台，形成从学前教育到老年教育、从学校教育到社会教育的终身教育体系。"[①]具体实践中，江苏紧紧围绕建设教育强省、率先实现教育

---

① 苏发［2011］22 号《江苏省委省政府关于大力推进民生幸福工程的意见》。

现代化的目标,深入落实省中长期教育规划纲要,不断深化教育改革,着力提升教育质量,大力促进教育公平,全省教育事业改革发展良好。在推进教育现代化的过程中,江苏既坚持"上水平",又重视"保基本",在注重"培优、攀顶"的同时,坚守教育公平和质量底线,围绕中小学生"减负"、保障进城务工人员随迁子女平等受教育权利、健全帮困助学体系以及促进高校毕业生就业等教育民生难题,综合施策,在不断提升人民群众对教育满意度的同时,有力地促进了教育管理思路的转变,即由关注学生学习成绩向关注学生身心发展转变,由关注户籍居民教育权利向关注区域内全体居民教育权利转变,由单靠教育行政部门管理教育向全社会都来关心支持教育转变。

第一,从立法上减轻中小学生课业负担。为提升学校管理水平,全面推进素质教育,江苏先后颁布实施《江苏省实施〈中华人民共和国义务教育法办法〉》、《江苏省学生体质健康促进条例》等法律法规,出台了《关于切实减轻中小学负担的十项规定》、《江苏省中小学管理规范》等规范文件,对中小学管理特别是减轻学生的课业负担采取果断有效措施,严禁下达高考升学指标,严格执行课程计划,严格控制学生在校集中教学的时间,严格规范招生考试管理,严肃违纪违规处理等五项要求。第二,注重保障特殊群体的平等受教育权利。近年来,江苏逐步建立了以居住地学龄人口为基础的义务教育管理和教育公共服务机制,落实进城务工人员随迁子女在迁入地就近就学的同城待遇,努力满足进城务工人员随迁子女平等接受义务教育的需求。目前,全省外来务工人员随迁子女义务教育入学率达98.8%,在公办学校就读达86.6%,享有与江苏当地学生同等的教育资源和机会。在苏南、苏中等相对发达地区积极创造条件建好农民工子弟学校,使外来务工人员随迁子女享受同城待遇，推动不同群体间的教育公平。2012 年江苏出台《来苏务工就业人员随迁子女参加升学考试工作意见》，落实外来务工人员随迁子女参加升学考试的办法。第三，建立健全帮困助学体系。建立健全从学前教育到研究生教育的家庭经济困难学生资助体系，按照每位学生每年小学 1000 元、初中 1250 元的标准发放义务教育阶段家庭经济困难学生的生活补助，确保学生不因贫失学。

二、就业服务体系

就业是民生之本，促进就业是保障和改善民生的重要举措之一，江苏构建的就业服务体系"坚持把促进就业放在经济社会发展的优先位置，以劳动者就业更加充分、更加稳定、更加体面为目标，以政策为引导，形成融就业帮扶、创业带动、培训提高为一体，功能完备的就业服务体系"[①]。从具体实践来看，江苏把千方百计扩大就业作为经济社会发展和经济结构调整的重要目标，实行更加有利于促进就业的产业、贸易、财政、税收、金融、社会保障等政策举措，采取有力措施减轻企业负担，切实保障劳动者合法权益。按照国家统一部署，江苏加快推进并实施就业制度改革，逐步建立和完善以市场为导向的就业机制，努力促进城乡劳动力有序流动并取得重要突破。

进入 21 世纪以来，江苏始终坚持并大力实施就业优先战略，制定并实施积极的就业政策，大力培育和发展人力资源市场，加快就业立法步伐，改善和加强职业培训与就业服务，推动江苏就业工作不断取得新的进展。从当前江苏就业发展情况来看，一是就业规模不断扩大。2014 年，江苏城乡就业人员总

---

① 苏发［2011］22 号《江苏省省政府关于大力推进民生幸福工程的意见》。

数达到 4760.83 万人，比 1978 年增长 70％以上，年均增加 55 万人。二是覆盖城乡的公共就业服务网络基本形成。建立县级以上公共人力资源服务机构 262 家，街道、社区和乡镇、村人力资源社会保障公共服务平台 2.23 万个，率先在全国建成了覆盖省、市、县、乡、村五级的公共就业服务网络。三是职业培训制度不断发展。"十二五"以来，全省各级财政用于职业培训补贴的资金达 16.57 亿元，享受政府补贴培训的城乡劳动者达 965.41 万人，培训后取证率达 95％，就业率近 80％，技能人才队伍不断扩大，高技能人才超过 260 万人。四是促进就业法规体系基本形成。先后颁布实施了《江苏省农民工权益保护办法》、《江苏省实施〈就业促进法〉办法》、《江苏省失业保险规定》、《江苏省劳动合作条例》、《江苏省劳动力市场管理条例》、《关于促进农民就业创业的意见》等一大批地方性法规和政府规章，基本形成了覆盖劳动者就业全程的劳动保障法律法规体系。

三、社会保障体系

社会保障是促进社会和谐的"稳定器"和"减震器"，社会保障制度具有保障公民基本生活、维护社会稳定、促进经济发展、保持社会公平和增进国民福利等重要功能。近年来，江苏致力于构建"坚持广覆盖、保基本、多层次、可持续，加快形成以社会保险、社会救助、社会福利为基础内容，制度完善、保障有力的社会保障体系"①。从实践上看，江苏社会保障制度建设的重点逐步从填补制度空白向注重制度整合衔接、提升制度建设水平有序迈进。

一是制度体系更加健全。2013 年，省政府颁布实施《城乡

---

① 苏发[2011]22 号《江苏省委省政府关于大力推进民生幸福工程的意见》。

居民社会养老保险制度实施办法》，在全省范围内整合新农保和城镇居民养老保险两项制度，实行城乡统一的居民社会养老保险制度，2014 年进行了调整完善。2013 年，江苏出台开展大病保险工作的指导意见，推动城乡居民大病保险工作有序开展；修订出台《江苏省征地补偿和被征地农民社会保障办法》，明确了即征即保、应保尽保、分类施保、逐步提高的原则，为实现被征地农民原有生活水平不降低、长远生计有保障打下了良好基础。2014 年，省政府发布《江苏省职工生育保险规定》，实现生育保险制度对用人单位的全覆盖，建立生育保险费率动态调整机制，规范生育保险待遇项目，提高待遇标准，为生育保险健康发展提供了制度保障。2014 年，省政府颁布《江苏省社会救助办法》，构建起以最低生活保障、特困人员供养以及受灾人员救助、医疗救助、教育救助、住房救助、就业救助和临时救助为主体，以社会力量参与为补充的综合社会救助制度体系，编织了一张民生托底保障的社会安全网。2015 年，江苏修订颁布《江苏省实施〈工伤保险条例〉办法》，初步形成了以工伤预防、工伤康复和工伤补偿三位一体协调发展的现代工伤保险制度。

二是统筹衔接不断加强。大力实施企业职工养老保险省级统筹和医疗、失业、工伤、生育保险市级统筹，着力消除地区间的制度和政策差异。推进医疗保险城乡统筹发展，32 个统筹地区先行探索整合城镇居民医疗保险和新农保制度，实现了医疗保险政策或经办服务城乡一体化。建立失业保险费率动态调整机制，从 2013 年 8 月 1 日起至 2015 年 12 月 31 日止，全省失业保险缴费比例统一从 3％下调至 2％，其中用人单位应缴纳的失业保险缴费比例从 2％下调至 1.5％，个人应缴纳的失业保险缴费比例从 1％下调至 0.5％。2014 年，出台江苏城乡养老保险制度衔接实施意见，实现参保人员跨制度流动时基本养老保险权益累加计算,保障了参保人员特别是参保农民工的合法权益。

三是覆盖范围持续扩大,扩面征缴实现了由重数量扩张向坚持量质并重的转变。加强多部门联动配合,特别是 2014 年在全省启动实施全民参保登记计划,推动扩面从扩大数量转向提质增效、以质为先、量质并重。截至 2014 年底,全省企业职工养老、城镇基本医疗、失业、工伤和生育保险参保人数分别达 1968.4 万人、3797.49 万人、1441.56 万人、1540.11 万人和 1374.56 万人;全省城乡居民养老保险累计参保人数达到 1359.91 万人,参保率 99.85%;符合条件的城乡老年居民领取基础养老金人数 987.96 万人,领取率 100%;城乡基本养老保险、城乡基本医疗保险、失业保险覆盖率均由 2010 年底的 95% 提高至 97% 左右。全省新农合参合人口 4076 万人,参合率 99% 以上。实现动态管理下的城乡低保的应保尽保,截至 2014 年底,全省共保障城乡低保对象 81 万户,共计 150 万人。

四是待遇水平稳步提升,待遇调整实现了由重水平提升向统筹建机制的转变。通过加强政策统筹,加大财政投入,探索建立机制,全省各项社会保障待遇的确定和调整逐步呈现出激励与公平兼顾、统筹协调增长的新特点。

四、现代医疗卫生体系

国民健康水平是一个国家经济社会发展水平的综合反映。提高全民健康水平,公平享有健康保障,实现"病有所医"理想,是人民生活质量改善的重要标志。江苏提出要"按照'保基本、强基层、建机制'要求,以深化医药卫生体制改革为动力,以强化基本医疗卫生服务的公益性和可及性为目标,形成公共卫生服务、医疗服务和药品供应保障高效有力的基本医疗卫生体系。"①深化医药卫生体制改革，构建现代医疗卫生体系，是提高人民健康水平的重要保障，是打造健康江苏，推进江苏民生建设上新台阶的重大举措。实践中，江苏把构建医疗卫生体系建设摆上更加重要的位置，对群众关注的医疗卫生问题作出长期性、制度性安排，有效缓解看病就医矛盾，让人民群众有更高水平的医疗卫生服务，推动民生持续改善。

从体系建设来看，2009 年，党中央、国务院颁布《关于深化医药卫生体制改革的意见》和《2009—2011 年深化医药卫生体制改革实施方案》，启动了新一轮医药卫生体制改革。江苏全面落实中央深化医改的部署要求，省委省政府出台江苏深化医药卫生体制改革实施意见，明确在 3 年内新增投入 511.8 亿元用于五项重点改革，扎实推进各项深化医改工作，取得积极进展。一是政策引领，完善制度体系。江苏先后出台了《公立医院改革实施指导意见》、《县级公立医院综合改革试点工作指导意见》、《医疗机构设置规划指导意见》、《关于进一步鼓励和引导社会资本举办医疗机构的实施意见》、《关于建立公立医院与城乡基层医疗卫生机构之间上下联动分工协作机制的意见》等重要规范文件。二是试点引导，破解突出问题。2012 年 6 月，江苏率先启动 15 个县（市、区）县级公立医院综合改革试点；2013 年在全国率先全面启动县级公立医院综合改革。2014 年4 月，江苏确定南京、镇江、苏州和新沂、启东、建湖等 6 个地区为综合医改先行先试地区，率先进行改革试点，为全省树立样板。三是典型引路，探索改革路径。作为"两江试点"之一和第一批公立医院改革国家联系试点城市，镇江坚持把提高全民健康水平作为深化医改的根本目标，通过组建康复、江滨两个医

---

① 苏发[2011]22 号《江苏省委省政府关于大力推进民生幸福工程的意见》。

疗集团,优化医疗资源配置,理顺医药服务价格,建立医院与基层医疗卫生机构双向转诊机制,重构医疗服务体系。

从实践成效来看,近年来江苏通过建立健全基本医疗卫生体系,积极推进医疗卫生体制改革,医疗卫生改革与发展取得突破性进展,全省卫生资源、医疗服务能力和人民群众健康水平领先全国。2014年来,全省每千人医生数、护士数、床位数等衡量卫生事业发展的重要指标分别由2010年的1.64人、1.56人、3.43张增加到2014年的2.22人、2.31人、4.69张,分别上升35.37%、48.07%、36.73%。2014年,城乡居民经基本医疗保险补偿后,政策范围内个人自付医疗费用的救助比例达到65.1%,新农合政策范围内报销比例达到76%,完成时序进度。

五、住房保障体系

住房保障是让广大群众特别是中低收入家庭实现安居乐业的重要举措。江苏提出要"围绕扩大住房保障覆盖面和提高保障水平的要求,坚持增加投入与创新机制并重,大力发展公共租赁住房,协调推进廉租住房、经济适用住房建设,形成多渠道、多形式解决群众住房困难的住房保障体系"[①]。

在工作中,为了完善住房保障体系,让人民"有更舒适的居住条件",江苏坚持以政府为主提供基本保障、以市场为主满足多层次需求的总方向,抓好保障性安居工程建设,加大棚户区危旧房改造力度,推动住宅产品升级,加强社区特别是农村社区的管理和服务,努力做到住房供应体系完善、规划设计合理、建设更加优良、服务更加有效,"真正使需要帮助的住房困难群

---

① 苏发[2011]22号《江苏省委省政府关于大力推进民生幸福工程的意见》。

众受益"①。积极围绕扩大住房保障覆盖面和提高保障水平,发展公共租赁住房,协调推进廉租住房、经济适用住房建设,形成多渠道、多形式解决群众住房困难的住房保障体系,推动江苏住房保障工作继续走在全国前列。为切实提高住房保障工作规范化水平,江苏省委省政府先后制定了《关于切实加强民生工作若干问题的决定》、《关于解决城镇低收入家庭住房困难的实施意见》、《关于加快保障性安居工程建设的意见》、《关于大力发展公共租赁住房指导意见的通知》等规范文件,颁布了《江苏省廉租住房保障办法》、《江苏省经济适用住房管理办法》、《江苏省公共租赁住房管理办法》等规章制度,确保江苏住房保障工作继续走在法制化轨道。

从工作成效来看,2011—2013 年,江苏共完成保障性安居工程建设任务 104.4 万套,三年实现"十二五"规划目标值的 75.1%。扩大住房保障覆盖范围,"十二五"以来通过安居工程保障的城镇保障性住房覆盖率达到 5.1%,比 2012 年提高 2.5 个百分点;实施棚户和危旧房片区改造,覆盖率达 60.1%,比上年提高 32.9 个百分点;全面落实保障性住房任务,新增保障性住房完成率 113.9%,比 2012 年提高 9.8 个百分点;新增公共租赁住房(含廉租住房)完成率 109.1%,比 2012 年高 5.9 个百分点,新增经济适用住房完成率 115.7%,比 2012 年高出 13.8 个百分点。

六、养老服务体系

江苏省委省政府《关于大力推进民生幸福工程的意见》,明确提出要基本建立"以居家养老为基础、社区服务为依托、机构

---

① 习近平:《加快推进住房保障建设　不断实现人民住有所居目标》,《人民日报》2013 年 10 月 31 日第 1 版。

养老为支撑、信息服务为辅助,城乡一体化、投资多元化、管理规范化、队伍专业化的社会养老服务体系"①。从实践工作来看,2013年,江苏以养老服务为重点,加快建立适度普惠型社会福利制度;完善和落实居家养老扶持政策,加快养老服务基础设施建设,鼓励老年人依托社区服务居家养老,全面推进居家养老、机构养老和社区养老三位一体融合发展,逐渐形成了居家养老为基础、社区为依托、机构为支撑的覆盖城乡的多样化养老服务体系。

一是不断提升养老保障水平。调整全省企业退休人员基本养老金,2013年,全省企业退休人员月平均养老金2027元,比上年提高212元,全部按时足额发放。2013年累计有528.6万企业退休人员纳入社区管理,占企业退休人员总数的95.4%。全年共432.5万名企业退休人员接受免费健康体检,周期体检率81.8%。

二是逐步规范社会养老服务。2013年,全省养老护理员持证上岗人数达17993人,持证上岗率为74.0%,比2012年提高17.7个百分点。五保供养服务机构事业单位法人登记率逐步提高,进展良好,登记率已达79.8%,比2012年提高59.9个百分点,完成时序进度。每千名老人拥有各类养老床位数为34.2张,比2012年增加4.8张,完成时序进度。

三是以社区为依托机构促养老事业发展。2013年全省建立城市社区(村)居家养老服务中心6817个,覆盖率100%,达到"十二五"规划目标值。建立农村社区(村)居家养老服务中心10369个,覆盖率71.3%,比2012年提高12.7个百分点。建立虚拟养老院(含居家呼叫服务系统)78个,覆盖率达78%,比

---

① 苏发[2011]22号《江苏省委省政府关于大力推进民生幸福工程的意见》。

2012 年提高 14.3 个百分点。

第三节　江苏民生建设迈上新台阶的制度方向

2014 年 12 月,习近平总书记视察江苏期间发表了重要讲话,寄望江苏"五个迈上新台阶",其中在推动民生迈上新台阶方面又提出了"七个更"("让人民群众有更好的教育、更稳定的工作、更满意的收入、更可靠的社会保障、更高水平的医疗卫生服务、更舒适的居住条件、更优美的环境"[①])的目标,要求努力建设"经济强、百姓富、环境美、社会文明程度高"的新江苏。围绕建设新江苏的目标要求,江苏要在"七个更"方面进一步完善制度体系,在实践中付出更加艰辛的努力。

一、更好的教育

江苏是全国最早提出教育现代化的省份之一,经过近 20 年的实践探索,全省县域教育基本现代化建设取得了显著成效。根据党的十八大决策部署,2013 年江苏提出推进省域教育现代化建设,并与教育部共建国家教育现代化建设试验区。与县域教育基本现代化建设相比,全省教育现代化建设更加突出以省为单位,同时要求更加全面、内涵更加丰富。党的十八届三中全会对全面深化改革作出战略部署,系统安排教育领域综合改革重点任务,这既是对中长期教育规划纲要各领域改革的凝练和聚焦,也找准并抓住了当前制约教育事业发展的突出问题和深层次矛盾。党的十八届四中全会关于全面推进依法治国的部署,要求进一步推进依法治教、依法治校和依法执教,加

---

① 习近平总书记视察江苏期间发表的重要讲话。

快教育法治建设，加强法治教育教学，用法治思维和方式推进教育改革发展。同时，要进一步发挥学校作为青少年思想政治教育重要前沿阵地的功能。

习近平在视察江苏时的讲话中，将教育摆在民生之首，着重突出教育的地位、质量、公平三大问题。关于教育的地位问题，他用"教育是民生之基；不吃饭则饥，不读书则愚；一个人只要受到良好教育，一辈子生计不成问题"等简洁明了、朴实无华的三句话充分阐明了发展教育的战略意义。关于教育的质量问题，他强调立德树人，强调素质教育，强调社会责任感、创新精神、实践能力，强调全面发展，深刻揭示了提高教育质量的目标内涵。关于教育的公平问题，他强调资源配置，强调均衡发展，强调"要让每个孩子都能成为有用之才"。这些论述进一步揭示和明确了促进教育公平的切入点和着力点。

在制度完善上，要把提高教育质量和促进教育公平作为实现"更好教育"目标的两大战略任务，坚持教育优先发展，深化教育领域综合改革，努力办好人民满意的教育，把增强学生社会责任感、创新精神、实践能力作为重点任务贯彻到国民教育全过程。一方面，要全面实施素质教育，把立德树人作为教育的根本任务，改革考试招生制度，创新人才培养机制，注重培养学生的社会责任感、创新精神、实践能力，促进学生德智体美全面发展。另一方面，要全面促进教育公平，一是着力缩小校际教育差距，要科学划定、动态调整义务教育学校施教区，严格控制公办学校择校生比例，全面推进阳光招生；二是以师资均衡为突破口解决择校难题，探索义务教育阶段教师流动常态化，实现教师由"学校人"向"系统人"转变；三是着力缩小城乡教育差距，加快建设覆盖城乡的基本教育公共服务体系，改变二元体制下教育资源向城市倾斜的传统分配方式，健全城乡一体化的教育发展机制，在财政拨款、教师配置、学校建设等方面向农村倾斜，逐步实现基本教育公共服务均等化；四是调整优化教育结构，学前教育更加注重公益性、普惠性，义务教育更加注重标准化、均衡化，普通高中教育更加注重优质化、特色化，职业教育更加注重建体系、提质量，高等教育更加注重有特色、高水平，社会教育更加注重全民式、开放式，推进各级各类教育协调发展；五是合理配置教育资源，深入推进义务教育均衡发展，着力缩小城乡、区域、群体教育差距，保障每个孩子平等接受教育的权利，都能成为有用之才。在推进教育现代化上，基础条件好的地方要加快建设步伐，打造现实样本；条件欠缺的地方要突出工作重点，有计划有步骤地加以推进，使教育改革发展成果经得起实践、群众和历史的检验。

二、更稳定的工作

改革开放 30 多年来，江苏就业工作成效明显，适应社会主义市场经济要求的就业管理体制基本形成，城乡劳动者就业渠道明显拓宽，就业规模不断扩大，就业结构逐步优化，市场机制在劳动力资源配置中的决定性作用逐步显现。近年来，面对复杂严峻的经济形势，2014 年江苏省城镇登记失业率控制在3.01%，为历史新低，完成城镇新增就业 138.34 万人，连续 10年超百万人，全年新增就业人数约占全国的十分之一。农村劳动力累计转移率超过 70%，高校毕业生年末总体就业率达96.9%，同比提高 0.2 个百分点。

实现更高质量的就业，必须坚持劳动者自主就业、市场调节就业、政府促进就业和鼓励创业的系统方针，大力实施就业优先战略和更加积极的就业政策，以改革为动力，以法治为保障，加快健全促进就业创业体制机制建设，鼓励以创业带就业，建立面向人人的创业服务平台,逐渐形成城乡一体、政策普惠、制度规范、管理科学、服务均等的就业服务体系。

第一,必须始终坚持市场导向改革不动摇。市场机制在资源配置中起决定性作用。做好就业工作,必须将建立市场导向就业机制作为社会主义市场经济体制改革的重要内容,根据经济体制改革部署和就业工作发展需要,毫不动摇地推进就业领域市场化改革,加快完善保障劳动者自主就业、企业自主用人、市场调节就业的法律法规和政策制度;必须大力培育和发展多层次、多形式的人力资源市场,充分发挥市场在人力资源配置中的决定性作用,促进劳动力在城乡、区域和产业间合理流动,不断提高资源配置效率、劳动生产率和社会产出率,有力地推动产业升级和健康发展;必须大力弘扬市场就业观,树立并尊重企业和劳动者的市场主体地位,充分调动企业和劳动者的双重积极性、主动性和创造性,努力在全社会营造市场就业的良好氛围。

第二,始终坚持强化政府责任不放松。促进就业是政府的法定责任。江苏各级政府需要进一步履行政府促进就业责任,将扩大就业、治理失业摆在突出位置,纳入经济社会发展规划、年度计划和政绩考核,正确处理经济社会发展、产业结构调整、全面深化改革、城乡协调发展、完善社会保障体系与扩大就业的关系,制定实施有利于促进就业的经济社会发展政策,建立健全组织领导、财政投入、考核表彰、宣传动员等各项制度,积极引导和动员全社会都来关心、参与就业工作,努力营造公平公正的就业创业环境,充分发挥政府这只"有形之手"的重要作用,既不越位,也不错位,更不缺位,尽力弥补市场失灵的缺陷。

第三,始终坚持经济就业互动不偏离。经济发展是扩大就业的根本途径,而扩大就业又反过来会推动经济发展。江苏需要坚持把发展经济和扩大就业结合起来，实施有利于扩大就业的经济发展战略。在总体布局上，注重发展有利于增加就业的经济产业和服务领域；在要素投入上，注重通过对人力资源的投入和开发促进经济发展；在目标导向上，注重在经济持续健康发展的同时实现就业持续扩大，注重在经济结构调整的同时实现就业能力不断提升，注重在城乡二元经济转换的同时实现城乡就业统筹；在具体安排上，注重将就业作为经济发展、结构调整、产业布局等的重要考虑因素，推动形成经济发展和扩大就业的良性互动，逐步走出一条既能促进充分就业，又能实现经济持续健康发展的新路。

第四，始终坚持城乡就业统筹道路不停步。一直以来，农民就业问题是"三农"问题的核心。做好就业工作，必须牢固树立城乡统筹就业理念，把促进农民就业创业作为破除城乡二元结构的突破口，作为农民致富的最大工程，因地制宜地引导农村劳动力就地转移、异地输出、自主创业，逐步取消对农村劳动力进城务工的限制性政策、歧视性规定和不合理收费，加快将城镇就业政策和服务网络延伸到农村、覆盖到农民，建立健全促进城乡劳动者实现平等就业的制度，从薪酬待遇、教育培训、社会保障、劳动维权、子女教育等多方面入手，解决好农民工面临的各种问题，形成城乡一体化的就业工作机制，提升就业公共服务均等化水平，促进农村劳动力合理流动、稳定就业，更好融入城市。

第五，必须始终坚持增加人力资本不松劲。教育培训是增加人力资本、提升就业能力的基础性工作。江苏需要深入贯彻落实科教和人才强省战略，大力发展普通教育、职业教育和职业培训，全面深化教育体制改革，促进各级各类教育协调发展，加快构建终身教育和终身培训体系，充分调动企业、社会和劳动者积极性,完善人才培养、评价、使用、激励、流动等机制,努力培养造就更多的高素质劳动者,注重以人力资本优势吸引高新技术产业集聚、打造高新技术产业高地,稳步推进就业岗位开发与人力资源开发相结合,实现就业创业与教育培训的相互促进、有机衔接和良性互动。

三、更满意的收入

近年来,江苏城乡居民收入稳步增长,2014 年,江苏省城乡居民收入分别达到 34346 元、14958 元,分别增长 8.7% 和 10.6%。党的十八大指出:"到 2020 年,实现国内国民生产总值和城乡人均收入比 2010 年翻一番。"①要实现这个奋斗目标,尤其要处理好"做大蛋糕"和"分好蛋糕"的关系,合理调整收入分配关系,着力解决收入分配差距较大的问题,着力提高中低收入者收入,努力实现居民收入增长和经济发展同步。实现更好的收入,江苏进一步突出提高工资性收入这一主体,完善工资指导线制度,适当调整最低工资标准,促进企业健全工资决定和正常增长机制,重点解决建设领域农民工工资支付保障问题;要突出农民收入增长这一难点,更大力度促进农民转移就业,大力培育能够带动农民增收的新型业态,努力挖掘农业内部增收潜力,拓宽农村外部增收渠道;要突出拉长居民财产性收入这一"短板",鼓励居民财产向资本转化,引导居民投资增值,特别是要加快推进农村产权制度、土地制度等改革,让"沉睡"的农村资源变成农民实实在在的财产收入;要突出收入分配制度改革这一关键,完善初次分配机制,健全再分配机制,规范收入分配秩序,努力缩小居民收入差距,逐步形成橄榄型分

---

① 党的十八大报告:《坚定不移沿着中国特色社会主义道路前进　为全面建成小康社会而奋斗》。

配格局。由于本书第三章已经对江苏居民收入增长路径做了探讨,这里不再赘言。

四、更可靠的社会保障

"更可靠"是人民群众对社会保障期盼的形象表达,是对社会保障体系发展目标的更精当概括,也是社会保障体系完善路径的更精准方向,"更可靠"的关键和重点是"更加公平"和"可持续"。江苏社会保障体系建设已有良好基础,横向比较也处于较高水平,有条件也应当在建立更可靠的社会保障体系上先行一步,但与"更可靠"的要求相比还有一定差距,区域不平衡现象比较明显,基层特别是农村仍然是薄弱环节。突现更可靠的社会保障要坚持"全覆盖、保基本、多层次、可持续"的工作方针,增强公平性、适应流动性、保证可持续性,进一步夯实覆盖城乡居民的社会保障体系。

对于江苏而言应把握四个方面关系:一是既要着眼于制度公平解决好大多数人的普遍问题,更要守住底线解决好极少数困难群众的特殊问题,以有力有效化解城乡各类人群可能面临的生活风险和致贫风险;二是既要完善基本保障制度,不断织密社会保障"网眼",更要着力构建多层次保障机制,更好地稳定民生预期和满足人民群众多样化的需求;三是既要立足当前解决好现实突出问题和历史遗留问题,更要兼顾长远夯实制度长期平稳运行的物质基础,在立足当前办实事的同时实现制度的可持续发展;四是既要加快完善社会保障体系自身建设,更要加强社会保障政策与就业、人口等政策的相互衔接,实现各项政策和改革的协调推进。具体应在以下四个方面下功夫:

首先,进一步深化社会保障制度改革。按照国家统一部署,积极稳妥实施机关事业单位养老保险制度改革工作,做好新旧制度的过渡衔接,确保改革平稳推进;健全和完善基本养老保险、基本医疗、失业保险、工伤保险、生育保险等社会保险制度体系,进一步完善社会救助制度,注重全覆盖和救重点相结合,构建早发现、早介入、早救助的"救急难"网络体系。进一步完善社会福利制度,以适度普惠为导向,建立更加公平更可持续的社会保障制度,构建普惠共享的社会福利制度体系,不断提高社会成员的生活水平和质量。

其次,推进城乡社会保障一体化。注重不同层次保障制度的合理保障梯度,多渠道提高综合保障水平。将推进城乡社会保障一体化作为城乡一体化的重点,"牢固树立城乡统筹发展理念,有步骤、有计划地推动城镇居民社会保障项目向农村居民延伸和农村居民社会保障项目与城镇相关社会保障项目对接"[①]。推进城乡基本养老保险制度一体化。明确以省辖市为单位,逐步统一基础养老金标准、缴费档次和财政补贴标准,进一步提升城乡居民养老保险制度一体化水平。此外,高度重视失地农民的社会保障问题,按照"即征即保、应保尽保、分类施保、逐步提高"的原则,推进新增被征地农民刚性进保,逐步消化解决历史遗留问题。推进基本医疗保险城乡一体化。整合城镇居民基本医疗保险与新型农村合作医疗,逐步实现在行政管理、制度政策、资金管理、经办服务等方面的融合,建成覆盖城乡、统一管理的城乡居民基本医疗保险制度。筑牢以社会救助为重点的兜底保障,强化各项社会救助制度统筹衔接。推进城乡社会救助一体化。统筹城乡救助制度设计和标准确定,实现城乡困难群众申请获得社会救助时权利公平、机会公平、规

---

① 参见郑功成《从城乡分割走向城乡一体化(下)——中国社会保障制度变革取向》,载于《人民论坛》,2014—1。

则公平。推进城乡社会福利一体化。打破社会福利事业城乡分割格局，健全社会福利事业多元化投入机制，加快农村基础福利设施建设，大力发展农村互助式养老、助残服务。

再次，提高社会保险统筹层次。进一步跟进国家实施基础养老金全国统筹进程，完善省级调剂金制度，改进省对困难市县养老保险补助办法，不断提升企业职工养老保险省级统筹水平。着力强化医疗、生育保险市级统筹。在省辖市范围内进一步统一政策、数据标准、结算办法和操作规程，积极探索基金市级统筹模式。逐步实现失业、工伤保险省级统筹。积极规划提高失业保险统筹层次，设区的市在实行市级统筹的基础上，逐步建立起失业保险的省级统筹制度。

最后，加强社会保障转移衔接。进一步完善和落实企业职工基本养老保险关系跨地区转移接续和城乡养老保险制度衔接政策，制定机关事业单位养老保险、企业职工基本养老保险和城乡居民基本养老保险制度相互衔接办法，用好国家统一的基本养老保险关系转移接续平台，实现城乡劳动者流动到哪里，养老保障权益就接续到哪里。推进异地就医结算报销工作。建立健全基本医疗保险转移接续和异地结算制度，完善依托商业保险机构开展异地就医结算管理服务机制。建立健全社会保障制度间的转移衔接机制。积极创造条件，建立社会保险、社会救助和社会福利有关项目的衔接机制。建立失业保险与最低工资标准和最低生活保障标准的衔接机制，合理确定失业保险金标准、最低工资标准和最低生活保障标准的关系。做好重大疾病保障、大病保险、医疗救助和疾病应急救助等制度间的衔接，发挥好各项制度的整体合力。

五、更高水平的医疗卫生服务

党的十八大报告明确提出，"健康是促进人的全面发展的必然要求,要坚持为人民健康服务的方向,提高人民健康水平"①。2014 年 12 月,习近平同志在江苏视察时,专程到镇江丹徒区世业镇卫生院,了解农村医疗卫生事业发展和村民看病就医情况。江苏把基本医疗卫生体系作为民生幸福工程公共服务"六大体系"重要内容,将人均期望寿命、城乡基本医疗保险覆盖率、每千人拥有医生数等指标纳入江苏基本实现现代化指标体系,专门出台《关于深化医药卫生体制改革建设现代医疗卫生体系的意见》,充分表明了江苏省对人民群众健康和医疗卫生工作的高度重视,体现了健康及卫生在经济社会发展中的重要地位和作用。当前和今后一个时期,江苏需要进一步深化医药卫生体制改革,实行医疗、医保、医药联动,牢牢把握综合医改试点机遇,紧紧围绕"医疗卫生资源配置进一步优化,全民医疗保障制度运行效率进一步提升,药品供应保障机制进一步完善,公共卫生和基本医疗服务的公平性与可及性进一步增强,医务人员积极性与创造力进一步激发,人民群众对医疗卫生服务的满意度进一步提高"的目标,突出公益公平,强化制度创新,加强能力建设,统筹推进医疗保障、医疗服务、公共卫生、药品供应、监管体制综合改革,构建与人民群众健康需求相适应的现代医疗卫生体系,不断提高城乡居民健康水平,努力打造"健康江苏"。

一是创新体制机制,构建现代医疗服务体系。现代医疗服务体系是现代医疗卫生体系的主体,也是人民群众对医疗卫生事业接触最多、感受最深的方面。下一步,要坚持公立医疗机构为主导、公立与非公立医疗机构共同发展,优化医疗机构结构布局,建立健全"维护公益性、调动积极性、保障可持续"的运

---

① 党的十八大报告:《坚定不移沿着中国特色社会主义道路前进 为全面建成小康社会而奋斗》。

行新机制，切实提高医疗服务水平和便利性，有效缓解看病就医矛盾。进一步明确公立医院保基本的职能，加强城乡基层医疗卫生机构规划建设，改善服务条件，提高技术水平。

二是注重公平可及，构建现代公共卫生服务体系。要贯彻预防为主方针，加强公共卫生服务网络建设，增强公共卫生服务能力，落实疾病预防控制各项措施。要加强疾病预防控制、卫生监督、妇幼健康、精神卫生、采供血和院前急救等专业公共卫生机构建设，配齐配强人员，优化基础设施设备配置，提高公共卫生服务能力，促进城乡居民均等享有公共卫生服务。要坚持预防与应急并重，加强卫生应急"一案三制"建设，建立健全突发公共卫生事件应急机制，加强应急演练和物资储备，提高突发公共卫生事件应急处置能力。要认真实施基本公共卫生服务和重大公共卫生服务项目，推进计划生育基本公共服务标准化建设，建立流动人口卫生和计划生育基本服务制度。要实施全民健康素养促进行动，建立健全政府主导、部门合作、全社会参与的全民健康素养促进长效机制和工作体系，不断提高群众自我保健的意识和能力。

三是强化制度和管理，构建现代医疗保障体系。在稳定覆盖率的基础上，逐步提高筹资水平和保障水平。加快建立和完善以基本医疗保障为主体，其他多种形式医疗保险和商业健康保险为补充，覆盖城乡居民的多层次医疗保障体系，不断提升医保制度运行质量和效率。在健全基本医保制度方面，建立全民参保登记制度，全面落实城乡居民基本医保筹资稳定增长机制，建立健全覆盖城乡、统一管理的城乡居民基本医疗保险制度。在深化医保支付方式改革方面，建立医保经办机构与医疗机构、药品器械生产流通企业之间的谈判机制。实施总额控制下的按病种付费、按服务单元付费等相结合的混合付费方式综合改革,在提高基本医保管理服务水平方面,要加快推进基本医保市级统筹管理,全面建立风险调剂金制度,规范建立转诊管理制度,全面实现省内异地就医联网即时结算,积极推进跨省联网即时结算。建立医保基金使用绩效评估机制。

四是规范药品流通秩序,构建现代药品供应保障体系。在完善基本药物制度方面,一方面,要稳定制度实施范围,确保做到全覆盖,最大范围地降低群众药品费用负担。另一方面,针对制度实施过程中出现的因药品不够,影响医疗服务技术开展等情况,调整完善基本药物配备使用政策。在推进药品生产流通领域改革方面,严格市场准入和药品注册审批,规范药品生产流通秩序,建立便民惠民的农村药品供应网。

六、更舒适的居住条件

住房是群众安身立命之本,改善住房条件是群众最大期盼之一。保障和改善民生,迫切需要做好住房保障工作,构建制度完善、管理有序、进退规范的住房保障体系,特别是让更多困难群众早日实现安居,努力使全体居民共享改革发展成果。

党的十八大以来,党和国家更加重视住房保障建设。习近平在中央政治局第十次集体学习会议上指出:"住房问题既是民生问题也是发展问题,关系千家万户切身利益,关系人民安居乐业,关系经济社会发展全局,关系社会和谐稳定;保障性住房建设是一件利国利民的大好事,但要把这件好事办好、真正使需要帮助的住房困难群众受益,就必须加强管理,在准入、使用、退出等方面建立规范机制,实现公共资源公平善用。"[①]党的十八届三中全会审议通过的《决定》提出:"稳步推进城镇基本

---

① 习近平总书记在中央政治局第十次集体学习会议上讲话。

公共服务常住人口全覆盖,把进城落户农民完全纳入城镇住房和社会保障体系……健全符合国情的住房保障和供应体系。"①因此,住有所居、改善居民的居住条件、保障中低收入家庭的住房问题,不仅是千千万万普通百姓实现幸福的基础和保障,也是当前党和国家民生幸福建设面临的重要任务之一。

根据国外住房保障建设的经验启示和当前江苏住房保障体系存在的问题,新时期江苏住房保障体系建设要更加注重以下几个方面:一要按照以政府为主提供基本保障、以市场为主满足多层次需求的总方向,积极探索适应省情特点、符合发展阶段特征的住房模式。二要切实抓好保障性安居工程建设,按照保障基本、并轨运行、租补分离、产权共有的思路,逐步从实物保障为主转变为建设和租赁补贴并举,"补砖头"和"补人头"结合,形成完善的住房保障体系。三要坚持市场化改革方向,积极支持居民合理住房需求,加强对房地产市场的分类指导,规范市场秩序,防范市场风险,努力促进房地产市场平稳健康发展。四要继续加大棚户区危旧房改造力度,科学编制年度实施计划,基本完成集中成片的重点棚户区改造。五要积极推动住宅产品升级,鼓励建设绿色建筑,加快住宅产业化和建筑工业化,推进康居示范工程,提高住宅建设品质和居住舒适度。六要加强社区特别是农村社区的管理和服务,推广运用现代信息技术,整合公共服务设施建设,提升社区人性化、精细化、科学化服务水平。

在工作中要进一步完善如下制度,努力在实现住有所居的基础上向住有宜居迈进。

一是进一步完善住房保障制度。按照保障基本、并轨运

---

① 《中共中央关于全面深化改革若干重大问题的决定》。

行、租补分离、产权共有的思路,进一步完善住房保障制度,形成全面覆盖、相互衔接、科学有效的制度保障体系。改进廉租住房和公共租赁住房制度,将廉租住房制度与公共租赁制度并轨,统称为公共租赁住房制度。其具体保障方式分为实物配租和租金补贴两种。对租住政府投资建设的公共租赁住房的保障对象,根据收入状况实行租补分离、梯级补贴制度,由保障对象交纳市场租金,住房保障主管部门分别按照市场租金的一定比例发放租赁补贴。改进现有经济适用住房制度,建立共有产权式经济适用住房制度,将政府提供的优惠政策量化为货币资金,政府保障对象按出资比例共同拥有住房产权,保障对象产权转移时,政府按照拥有的住房比例收回政府应得的资金。

二是适时动态调整住房保障方式。西方发达国家往往根据住房市场的发展变化,考量居民的收入水平和住房支付能力,动态调整住房保障方式。随着保障房逐渐实现供需平衡,应根据实际情况适时调整住房保障方式,从分配住房调整为租金补贴,从而提高住房保障的针对性和实效性。

三是大力推进混建和配建保障性住房。统筹考虑住房保障目标、各类保障对象的需求,合理安排各类保障性住房布局和结构,积极推进普通商品住房与保障性住房混合建设,鼓励建立配建制度,避免和减少集中建设保障性住房带来的诸多问题。

四是加快完善收入认定部门联动机制和准入退出机制。住房保障体系的准入退出机制要考虑到居民收入改变后其享有的住房保障措施也应相应发生变化,因此需要合适的过渡措施在不同的住宅保障分级中转换,从而使中低收入居民居住在相应的保障性住房中。

五是建立健全土地供给和金融支持体系。在土地供给方面,可在现有法律法规层面框架下,在土地审批和手续费用等方面对保障房用地提供政策优惠。在金融支持体系方面,应该通过法律形式进一步健全保障性住房金融体系。通过增加公积金比例,引导公积金流向保障性住房建设,吸引其他保险类等安全资金进入保障性住房建设。

六是进一步研究完善工作推进机制。坚持把目标绩效管理作为推动住房保障的重要手段,针对住房保障"两有两覆盖"目标,研究建立考核评价指标体系,对各项住房保障目标进展情况进行动态监测,及时发现存在的问题和工作中的薄弱环节,确保住房保障工作顺利进行。加快研究制定江苏住房保障体系建设考评体系,建立住房保障体系、建设季度通报与年度考核制度,确保江苏住房保障体系建设取得实效。

七、更优美的环境

提高人民生活水平,改善人民生活质量,提升人民安全感和幸福感的基础和保障。作为经济文化大省和具有良好环境基础的江苏,通过大力实施生态文明建设工程,打造自然之美取得了阶段性成就,但总体上看,环境保护还没有迈过高污染、高风险的阶段,生态环境全面性、根本性好转的"拐点"仍未出现。特别是处于快速工业化、城市化发展进程中,有着"人口密度大、人均环境容量小、单位面积污染负荷高"等特殊省情的江苏,资源环境约束愈加明显,苏南已进入从生态损坏到加快修复的阶段,苏中仍处于排污和修复相持的阶段,苏北环境恶化势头还没有完全遏制住,全省生态文明建设的压力和责任越来越重。今后,要着力打造自然环境之美、景观特色之美、文化交融之美、城乡协调之美和社会和谐之美,把人民群众对美好环境的向往变为现实。

第一,更加注重生态空间源头管控,"减压"国土空间承载负荷。江苏人口密度为 755 人/平方千米,是全国平均水平的 5 倍,对资源环境的压力较大。需要通过国土空间格局优化,"减压"国土空间承载,推动生产空间集约高效、生活空间宜居适度、生态空间山清水秀,推进生态文明建设,实行环境指标总量控制和单位 GDP 考核"双向控制"。推进生态文明建设林业行动计划,增加森林碳汇,筑牢生态屏障。在生态城市建设中,将环境容量、资源环境承载力列入评价指标考核,实行绝对总量和相对平均量的双向控制,突出绝对总量的"天花板"效应。

第二,更加注重结构调整提质增效。一是加快推进结构转型。与全国相比,江苏产业结构中三产较低、二产偏高。全省重工业企业总数约 2.9 万家,占规模以上工业比重超过 60%;固定资产投资中,高耗能行业保持较高幅度的增长,六大高耗能产业仍占 30%的比例;通过三轮化工企业专项整治虽然关停了大量污染严重的企业,但仍有规模以上化工企业 3000 多家;新兴产业还没有成为主体支柱产业,符合绿色、循环、低碳发展的三次产业体系尚未形成,迫切需要加快推进结构转型。二是以深化绿评推进绿色发展。在经济发展新常态下,完善经济社会发展绿色评估办法,逐步把"绿评"扩大到所有县(市、区)。落实促进产业绿色发展的政策措施,实施十大战略新兴产业发展规划和服务业集聚区提升工程;探索实行长三角地区统一环境准入标准,率先在电力、钢铁、垃圾焚烧发电等重点行业中推行;全面促进资源节约,控制能源消费总量,坚决淘汰低端产能,压缩过剩产能。

第三,更加注重环境污染综合治理。重点实施大气、土、水治理。认真落实《江苏省大气污染防治条例》,大力推广燃煤机组超低排放改造,深入开展燃煤小锅炉整治,全面淘汰所有黄标机动车，控制扬尘污染，加强秸秆禁烧和综合利用，在各省辖市开展 PM2.5 源解析工作，建成省市两级重污染天气监测预警系统。完成长江、淮河、南水北调沿线、近岸海域等重点区域的水污染防治。

第四，更加注重环境监测技术的革新。发展以自动分析仪器为核心，运用现代传感器技术、自动测量技术、自动控制技术、计算机应用技术以及相关的专用分析软件和 3S(RS、GIS、GPS)综合性在线自动环保监测与环境预警的信息平台。引入大数据助力环境保护，结合环境质量标准建立对饮用水资源、废水、空气质量、固定源废气、噪声、放射性监测等大数据库，研究探索连续自动监测标准方法和现场应急监测新方法。

第五，更加注重体制机制改革引路。深化对生态文明建设在"五位一体"总布局中基础性战略地位的认识；创新市场机制推进生态文明建设的政策设计，加强排污许可、碳交易市场、第三方监管、政府购买社会化服务、资源环境价格制度等方面的改革；加大基层环境监管能力建设，提升农村环保投入力度，强化企业环保意识及法律责任；制定落实国家生态文明体制改革实施方案的贯彻实施意见，着力构建具有江苏特色、系统完整的生态文明制度体系。

第四节　江苏基本公共服务均等化的制度构建

推进基本公共均等化，完善的政策和制度是重要保障。本节基于公共政策视角，结合江苏基本公共服务供给的实际，对基本公共服务均等化在江苏面临的问题、成功的实践和未来的方向进行分析，探讨推进基本公共服务均等化的有效政策路径。构建有效的公共服务均等化制度，应当直面城乡差距和区域差异问题,建立健全长效机制,通过改革实现制度优化。

一、实现基本公共服务均等化要直面城乡差距和区域差异问题

现阶段,就全国而言,基本公共服务供给失衡是多重性的,主要表现在城乡之间、体制内外、群体之间以及地区之间的多重失衡。而这种多重失衡可以被认为是城乡二元结构之下的失衡效果累积所导致。就江苏而言,要正视城乡差距和区域差异导致的服务不均等问题,优化公共服务供给结构。

第一,从城乡差距来看,由于长期以来"抑农扶工"、"重城轻乡"等历史原因,农村资源要素源源不断地流入城市,反映在基本公共服务领域,表现为城乡差距日益扩大,在发展资源和发展机会上明显不均。就民生幸福而言,特别是从与民生幸福相关的综合指标来看(如居民收入、医疗卫生、教育、就业等)城乡之间存在着显著差异。近年来江苏城乡基本公共服务均等化水平有绝对改善,但城乡之间仍存在较大差距。2014年发布的《江苏省新型城镇化与城乡发展一体化规划(2014—2020年)》明确指出了当前江苏缩小城乡差距的任务仍然艰巨:"农业劳动生产率仅相当于工业的1/4左右;城乡居民收入差距仍然较大,农民持续增收长效机制尚待加强,城乡要素平等交换和公共资源均衡配置仍存在制度性障碍;农村的投入机制有待健全,城乡交通及公共基础设施、公共服务供给差距仍然明显,农村教育、医疗和社会保障水平较低。"[1]

实现江苏民生幸福,要通过增加公共服务供给,促进基本公共服务在城乡之间的均等化。一方面,要加强制度建设,形

---

[1] 《江苏省新型城镇化与城乡发展一体化规划(2014—2020年)》。

成一整套引导统筹发展的新体制新机制，以户籍制度改革为核心和突破口，不断改革创新城乡土地、投融资、劳动就业、养老服务、医疗卫生、社会保障等经济发展和民生幸福的制度建设；另一方面，要城乡一体规划，优化城乡空间布局，坚持城镇化与新农村建设双轮驱动，推动城乡社会保障衔接、基本公共服务设施共建，在基础设施、经济发展、社会事业建设、民生改善上不断缩小城乡差距；与此同时，深入实施农业现代化工程，并将其与民生幸福建设互动，把促进农民增收作为重中之重，健全农民收入结构，拓宽增收渠道，促进农民收入持续较快增长；在推进农村基本公共服务均等化过程中办好各项民生实事，重点解决好农村教育、医疗、就业、养老等突出问题，促进农村民生事业提档升级。

第二，从区域差异来看，由于受自然、历史、主客观等多种因素的影响，经济社会发展往往都呈现出区域不平衡、不协调现象，一般性转移支付制度并不能有效缓解经济发展水平和政府财政能力上的地区差别，因而各地政府提供公共服务均等化的能力差异很大。江苏作为东部沿海发达省份之一，经济社会发展水平处于全国第一梯队，但经济社会发展仍存在明显的南北梯度落差。近年来，苏北地区主要经济指标的增幅连续9年高于苏南、高于全省、高于全国平均水平，推进民生幸福有了持续增长、不断夯实的基础。但由于苏北地区经济社会发展水平仍与苏中、苏南存在不小的差距，政府基本公共服务能力仍需进一步提升，与民生幸福息息相关的居民收入、就业、教育、医疗保障、住房保障、养老服务等民生事业发展仍不能很好地满足人民群众日益增长的幸福需求，全面建成小康社会在实践上还需要付出更加艰苦的努力。

要缩小基本公共服务的区域差距，必须全方位、多层面、多角度综合考量。江苏民生幸福要打破区域差异,缩短空间距离,根本是要实现区域基本公共服务均衡发展。一方面,苏北地区应抢抓战略机遇,把发展成果转化成惠及人民群众的发展红利,加强对特定人群特殊困难的帮扶;另一方面,应加强省级层面统筹,继续加大南北扶持力度,继续推进新型工业化、农业现代化、城乡一体化、民生幸福工程、南北合作共建、新一轮扶贫开发等行动战略,继续振兴和促进苏北地区崛起,在经济发展的基础上真正统筹解决好就业、医疗、住房保障等基本公共服务供给矛盾,实现基本公共服务均等化,提升苏北地区基本公共服务的共建共享能力。

二、实现基本公共服务均等化关键要建立健全长效机制

科学完备的制度体系建设对于民生领域基本公共服务均等化具有长远和根本性的作用。近年来,江苏紧密结合实际,加强分类指导,着力推进制度体系建设,注重加强统筹协调,形成以"六大体系"为基础的"大民生"工作格局。接下来,需要进一步强化省级层面的民生顶层设计和制度体系建设,在涉及民生领域的重点难点问题方面,实现体制机制的突破和创新,形成更加定型、更加成熟的制度性安排,给群众以稳定的民生预期,不断推进民生建设向纵深发展。比如,要从目前群众反映比较强烈的学前教育、义务教育抓起,着力解决"入园难"、义务教育优质资源不均衡等问题;要加快推进以公共租赁住房为重点的保障性住房建设,下决心解决"夹心层"住房问题。

在建立健全民生建设长效机制方面,必须按照转变职能、理顺关系、优化结构、提高效能的要求,推进民生工作理念、体制机制、方式方法和管理的创新。

一方面,要通过加强顶层设计,本着务实、理性、负责的态

度科学规划好"民生路线图"，引导、带领广大群众一个项目一个项目去完善民生体系，一个数字一个数字去兑现民生指标，一步一个脚印地去改善人民生活。进一步强化政府在规划引导、标准制定、政策供给、制度安排等方面的职责，在服务中加强管理，在管理中体现服务。按照属地管理原则，加强基层公共服务机构的设施和能力建设，形成地方政府为主、统一与分级相结合的民生幸福工程推进机制。应坚持量入为出的原则，积极调整民生财政支出结构，从可持续角度出发，该适度提高的要提高，该适度调整的要下决心调整，防止脱离财力做出难以兑现的政策设计。

另一方面，要正确处理政府和市场的关系，既用好"看得见的手"，也用好"看不见的手"。政府主要保"基本"。由政府保障的基本公共服务，需要完善激励约束机制，通过规划指导、信息发布、规范市场准入、财税金融支持、政府项目补贴等方式，更多地利用社会资源，逐步建立购买服务的机制，形成有序竞争、多元参与的局面，提高服务质量和效率。"非基本"的放手交给社会和市场，形成全社会关注民生、改善民生、造福民生的良好局面。按照"谁投资、谁受益"的原则，充分运用市场化手段，拓宽筹资渠道，引导社会、企业和个人参与民生幸福工程建设，有效扩大公共服务的供给规模和供给质量。改革基本公共服务提供方式，在政府实施有效监管、机构严格自律、社会加强监督的基础上，扩大养老、教育、医疗、住房等公共服务面向社会资本开放的领域，原则上法律未明确禁止的都要开放。降低民生服务准入门槛，制定社会资本参与的分领域、分行业具体政策。进一步发挥社会组织作用，激发社会组织活力，把适合由社会承担的基本公共服务事项，以购买服务等方式交由社会组织承担。

三、实现基本公共服务均等化要依靠改革找出路

基本公共服务均等化的制度构建,就是要通过全面深化改革,释放更多改革红利,增强民生领域改革的系统性、整体性和协同性,不断增加群众看得见摸得着的福祉,更好满足人民群众的民生需求。当前和今后一个时期,要重点抓好以下三个方面的改革:

第一,在决策机制上,向上下互动转变。目前基本公共服务供给基本以政府给付为主,主要采用"自上而下"方式,从而在最终服务供给与居民最终需求之间不能完全匹配,造成基本公共服务满意度不高。因此,在基本公共服务方案出台前,要通过采取多种方式(线上线下方式相结合),充分听取和吸收民意,让更多的群众能够充分表达和反映公共服务诉求;要通过引入专家咨询、专业智库评估等方式完善公共服务方案设计。在基本公共服务方案出台后,要建立信息跟踪反馈机制,通过引入第三方机构对基本公共服务情况进行客观评估,通过多种方式收集了解居民群众对公共服务的满意度和反馈情况,通过上下联动,上下互动,让基本公共服务均等化更加贴近群众需求,更好满足群众需要,不断提升群众满意度和幸福感。

第二,在供给体系上,注重改革创新。从供给模式来看,注重转变供给导向,推进基本公共服务均等化从供给导向向需求导向转变;注重推进服务重点转移,推动基本公共服务供给重点由城市向农村倾斜;注重转变模式,推进基本公共服务供给从一元化向多元化转变。从供给主体来看,要加快完善和健全"政府主导、社会参与、公办民办并举"的多元化供给机制,政府应由基本公共服务的直接供给者,逐渐转变为基本公共服务供给的监管者,具体可以通过划定基本公共服务向社会资本开放

的领域,包括开放目录、服务标准、收费标准、质量标准、准入标准等,公平公正地鼓励和引导有资质的社会资本进入基本公共服务领域,通过政府购买、委托合同、特许经营、服务外包等多种方式向居民提供基本公共服务,不断满足群众多元化多层次的民生需求,让人民群众在民生建设的诸多方面都能更多更公平地分享到改革发展成果。

第三,在投入机制上,构建符合江苏区域实际的多元财政投入格局。要进一步厘清政府和市场边界,坚持以人为本、为民理财,始终把解决群众最关心最直接最现实的利益问题作为财政支持的重点,充分发挥资金杠杆对实施民生幸福工程的撬动作用。在财政投入方式上,要坚持以满足社会公共需要、追求社会公共利益为宗旨,科学界定财政支出范围,凡属于社会公共利益需要的事项,市场机制无法解决或解决不好的领域,公共财政必须积极介入。凡不属于社会公共利益需要的事项,市场机制能够有效调节和发挥作用的经营性、竞争性领域,公共财政应尽快退出。要鼓励支持公共服务投资主体和投资模式多样化,积极探索基本公共服务市场供给的有效模式,形成政府与社会组织在基本公共服务供给上的合作伙伴关系,实现公共服务供给过程中政府、市场、公众和社会组织之间的合理分工、协同协作,鼓励和引导各类资本向民生领域集聚,吸纳和动员更多的社会力量参与和兴办民生事业。

第五章
民生幸福之发展环境:社会治理创新

民生幸福建设不仅与经济发展、制度建设密切相关,而且也离不开良好的社会环境,需要实现多元社会主体的良性互动、共同参与。江苏民生幸福建设把社会建设的两大根本任务民生工作和社会治理工作统一起来,深化社会事业和社会领域改革,努力在创新社会治理中改善民生、增进福祉。

第一节　社会治理创新与民生幸福

社会治理是国家治理体系建设的重要内容之一。党的十八届五中全会指出,"十三五时期是全面建成小康社会决胜阶段","要加强和创新社会治理,推进社会治理精细化,构建全民共建共享的社会治理格局"。[①] 从社会治理创新的角度探讨民生幸福,离不开对政府、社会组织和社会公众等多元治理主体的综合评估和考量。

一、治理主体之政府:民生幸福的主导力量

政府履职的根本在于为人民服务。政府是否重视民生,是

[①] 《中共中央关于制定国民经济和社会发展第十三个五年规划的建议》。

否采取切实可行的、可量化的政策来推动民生，对于是否能达到民生幸福这个目的至关重要。党和政府把民生问题放到非常重要的位置，体现了中国共产党以人为本、为人民服务的执政宗旨和理念，表明了党和政府改善民生的决心和责任心，也意味着政府切实承担起民生幸福的历史重任。那么，政府在民生幸福中起到什么样的作用，政府应该扮演什么角色？政府应该履行哪些职能，才能更加有效地推进民生幸福建设？

就政府角色定位而言，强调政府有所为就必须强调政府承担对人民特别是困难群体的责任。在现代国家，民生幸福与个体发展息息相关，同时幸福的实现离开政府也是不可能的。我国同样如此，新中国成立以后，我国逐步建立起体系较为完备的社会保障制度，对保障人民群众基本生活、促进经济社会发展、维护社会稳定发挥了积极的作用。就当前而言，实现民生升级是发展的重大挑战，持续保障和改善民生，努力实现人民幸福是党和政府民生建设工作的重心。

政府在民生幸福中的角色，总体可以分为三种类型：包办、主导和不干预。包办是指政府在公共服务事务中大包大揽，包办一切民生事业；主导则是指政府在民生建设中发挥主导作用；不干预，则是与以上两种类型和价值取向完全不同，"最好的政府就是最少的管理"，曾经是世界流行的政治信条。在这种信条之下，人民的生存和发展主要依靠自己的努力，政府并不对人民的生活负责，尽可能少干预。20世纪之后，随着经济社会的不断发展，各类社会矛盾大量涌现，社会差距扩大，单纯的市场手段无法实现预期的协调，客观上需要政府这只有形的手进行必要的干预和调控，于是，政府职责开始不断深入到经济社会之中，越来越多地承担起为提高人民生活水平而设计谋划和推动的责任。但与此同时，政府可能会因为职权过多产生权力滥用现象,反而会损害和降低人民幸福感,由此,现代政府必须正确处理好政府与市场、政府与社会的关系,必须在法治轨道行使权力,努力实现"法治的政府提供最优质的服务"的履职目标。

就我国而言,政府高度重视民生问题,积极运用各种调控手段,保障困难群体的权益,提高广大人民的生活水平,努力维护社会公平正义。但现实条件下,民生保障和服务也不能过分依赖行政干预和宏观调控手段,政府不能大包大揽,应充分发挥市场在配置资源中的决定性作用,适当运用调控手段,把有形之手和无形之手紧握起来,更好地发挥市场配置和政府干预的优势,统筹好经济发展和公平正义、民生保障之间的关系。

定位好自身的角色,做好民生保障工作,政府应坚持几个重要的原则:一是普遍性与特殊性相结合的原则。普遍性原则要求民生保障的覆盖面应十分广泛,惠及对象应是全体人民。党的十八大报告指出:"基本公共服务均等化总体实现。全民受教育程度和创新人才培养水平明显提高,进入人才强国和人力资源强国行列,教育现代化基本实现。就业更加充分。收入分配差距缩小,中等收入群体持续扩大,扶贫对象大幅减少。社会保障全民覆盖,人人享有基本医疗卫生服务,住房保障体系基本形成,社会和谐稳定。"①但是具体到区域、群体内部各自情况又不相同,每个地区的发展状况、经济水平、自然资源和人文因素各不相同;个体对各类公共服务的需求程度也不相同,政府应当对贫困落后地区、老少边穷地区、困难家庭和个人等予以特别的扶持。这些就是特殊性原则的要求和体现。二是平等性与差异性相结合的原则。一般而言,民生保障应对人民

---

① 党的十八大报告。

平等地实施，不允许差别对待，为此需要建立健全行政公开制度，提高给付活动的透明度。不过，也不能一刀切地搞形式上的一律平等。政府应保障公民受给付地位的实质平等，即斟酌具体情况的差异而定：可以根据区域、经济发展状况等独特性，在具体情况具体分析的前提下，尊重民生保障的差异性。但是要坚持平等性为主、差异性为辅的原则，两者相互补充，不能本末倒置。三是必要性和适度性的原则。民生建设离不开政府，但这并不意味着个人生存完全靠国家给付。一般而言，个人的生活以及对其他利益的追求，首先要委任给个人、血缘家庭以及其他生活共同体负责，其次才是政府。国家应充分尊重个人自我形成、自我发展、自我满足的自由，政府的任务应定位在保障公民最基本的生活标准，政府没有能力，也没有义务赋予每个公民都拥有富足豪华的生活水平。纵观西方国家社会福利制度演变历史，不难看出，西方社会福利制度的发展经历了一个从发展膨胀到削减瘦身这样的改革曲线。在这个曲线中，有许多经验教训，我们必须吸取这些经验教训，未雨绸缪，不走弯路。

二、治理主体之社会（社区、社会组织）：民生幸福的重要力量

社会力量是社会治理的重要单元，无论是作为社会基本单位的社区，还是具有社会公益性质的社会组织，都应该在社会治理的过程中发挥重要作用。从社区来看，人们日常生活中接触最多、打交道最多的就是作为生活共同体的社区，社区建设和治理水平直接影响民生建设的成效；从社会组织来看，随着经济社会和治理理念的不断发展，社会组织在服务民生、促进治理、承接政府职能、满足社会需求等方面扮演着越来越重要的角色。

社区的和谐幸福反映了整个社会的文明进步。党的十八大指出："在城乡社区治理、基层公共事务和公益事业中实行群众自我管理、自我服务、自我教育、自我监督,是人民依法直接行使民主权利的重要方式。"[①]在实践中,社区在民生幸福建设中的作用明显,主要表现在:

第一,社区治理方式创新,发挥综合协调作用解决居民实际问题。在社区治理方式上,通过区域化平台,完善组织网络,创新工作机制,不断提升社区综合管理水平,建立行政性事务协同处置机制。社区行政党组依托联动处置中心,坚持"一口受理、协同处置、绩效评估",有效整合了双重单位资源,集中快速处理社区行政性事务和服务事项。对疑难问题,建立社区疑难事项信息处置系统,进行跟踪督办、评估考核,提高了处置率和满意度。创建居民区事务群众"自治"载体。对社区重要事务,召开党员议事会,让党内"先知道、先协商、先统一",从而带动居委会开展居民自治。各居委会在党总支的领导指导下,可以成立不同形式的群众性自治载体,让社区居民通过这些自治载体充分商事议事,遇事先协商,有事好商量,通过社区协商,给居民排忧解难,较好地解决了老百姓身边的急难愁问题。

第二,聚焦居民最关心的问题,发挥社区在社会公共服务中的民生保障作用。诸如,通过问需于民、问计于民、问政于民,着力提升社区公共服务水平;通过开展老旧小区综合整治等宜居工程,着力改善社区居住环境;通过整合社区各类服务资源,满足社区居民多元化、个性化需求;通过完善社会救助预审、政策边缘人员叠加救助、救助对象回访抽查等工作机制,弘

---

① 党的十八大报告。

扬"热情、关爱、包容、活力"的社区人文精神。

第三，完善维稳机制，发挥社区在社会稳定中的基础性作用。社区稳定是社会稳定的基础。通过多种渠道来倾听居民的意见，对群体性诉求矛盾和群众意见最大、反映最多的事件，通过定期举行的社区代表例会，进行预判和统筹协调，制定工作措施，确保了第一时间掌握民情、第一时间回应民意，避免将矛盾扩大化。建立社会组织参与矛盾调解机制，支持和鼓励社会组织参与化解社区矛盾，居民自治小组、业主委员会、老年协会及分会组织、群众文化团队、党建工作室等社会组织，在参与矛盾协调中，发挥着"自我教育、自我管理、自我服务、自我监督"的作用。积极培育管理型、服务型、活动型的社会组织，发挥枢纽型社会组织在参与社区管理和服务中的作用。健全党组织领导下的社区居民自治机制，探索民意沟通新渠道、新方法，进一步激发社区自治活力。

社会组织正成为民生幸福的重要推动者。在我国，社会组织也称为民间组织，党的十六届六中全会作出的《中共中央关于构建社会主义和谐社会若干重大问题的决定》和2007年党的十七大报告确认用社会组织取代民间组织这一概念。本书中的社会组织是指区别于政府和企业的第三部门，主要是指从事社区服务、中介服务、公益慈善、社会支持等业务，具有非营利性特征的组织。社会组织是社会建设重要的承担主体，是治理现代化视角下多中心治理的重要一元。在经济发展新常态下，民生幸福建设离不开政府的主导推动，也离不开包括社会组织在内的多元主体的共同参与。社会组织在民生幸福建设中的推动作用主要体现在：

一是化解社会矛盾，创造平安和谐的生活环境。平安稳定的社会生活环境，是民生幸福的重要基础，也是民生幸福的题中应有之义。随着改革开放的推进和经济社会的变革,不同社会阶层和各个利益主体间的矛盾更加复杂尖锐。如果处理不好,将会引发一系列的社会问题,加大社会风险程度。社会组织在化解社会矛盾的过程中,可以起到"安全阀"、"稳定器"和"润滑剂"的作用。首先,社会组织扎根于基层,扎根于群众,能够及时了解察觉社会的不稳定因素,并及时介入协调,做到早发现、早处置,从而预防对抗性矛盾纠纷的发生;其次,在矛盾纠纷发生时,社会组织可以通过群众基础好、工作方式易接受的优势,通过利益的表达和博弈来化解社会矛盾,有效避免局部矛盾酿成全局性冲突;最后,社会组织可以克服群体参与过程中的无序性,减少社会成员的失范行为。尤其是针对群体性事件,社会组织的介入可以有效增强群体行动的行为理性,避免社会成员的无序参与,从而更好地维护社会的和谐稳定,为广大群众的幸福生活创造良好的社会环境。

二是提供公共服务,弥补政府市场的功能缺位。政府、市场和社会是现代社会结构的三大支柱。公共服务主要是由公共部门提供满足社会成员共同需要的公共产品和服务,政府提供公共服务自然责无旁贷。但是也要看到,在多元社会中,各类社会人群的公共服务需求差异很大,如果完全由政府提供公共服务,会导致部分人的高层次需求和差异需求无法得到满足。而如果完全由市场来提供,市场的竞争性和营利性又会导致有需要但经济困难者难以得到充分的公共服务。而这些市场不愿提供服务而且政府又不能提供服务的领域,正是社会组织发挥作用的广阔天地。社会组织在提供公共产品过程中,能够全面准确地掌握社会成员的社会需求特别是民生需求,并及时理性地反馈给政府部门,还能针对不同的社会群体提供针对性的社会服务,从而填补政府和市场在公共服务领域中的缺位,构建多层次、全覆盖、多样化的公共服务提供体系。国际经验证明,社会组织在公共服务领域中扮演的角色越来越重要,面对我国日益增长和深刻变化的公共需求,必须强化多维治理理念,吸引和鼓励更多主体参与公共服务设计和供给,不断实现多元主体的协同共治。

三是发挥中介作用,搭建政府社会的沟通桥梁。社会组织已成为党和政府联系人民群众的桥梁和纽带,是反映公众诉求、解决群众问题、赢得群众理解和支持的重要载体。当前,一些地方出现了群众对政府部门不理解、不信任,甚至发生了一些针对政府的群体性事件,其中一个重要的原因就是政府和群众之间缺乏理性的、规范的、有效的交流沟通,群众想法政府不知晓、不重视,政府行为群众不理解、不支持,进而造成了政府群众关系的紧张局面。而社会组织在国家与分散的社会成员之间形成一个中介力量,一方面可以通过组织化、理性化的方式将群众的想法、主张、利益及时地传递给政府,做到下情上传;另一方面也可以通过桥梁纽带身份把政府的方针政策传达给社会群众,做到上情下达。在这样一个双向沟通的过程中,社会组织可以有效地反映群众心声、疏导社会心理、引导群众理性表达利益诉求,并进行不同群体的利益协调和对话,从而增进政府与群众之间的了解,缓和政府与群众之间的冲突,密切政府与群众的关系。

四是关注公益事业,维护最基本的公平正义。当前,我国仍存在不少困难群体,其生活生产甚至追求幸福的过程面临着更加突出的困难。维护社会困难群体的基本利益,触及社会公平正义的底线,是公平正义的焦点问题。困难群体增多和利益受损是我国经济社会转型期的客观现实,能否妥善地解决困难群体的利益表达和利益保护,既是推进政府转型的重大任务,又是大力培育发展社会组织的现实需求。实际上,关心社会困难群体,发展社会公益事业,维护社会公平正义,本身就是社会组织的重要使命之一。现实中,广大社会组织以发展社会公益事业为己任,积极开办老人院、幼儿园、心理辅导诊室、家庭治疗中心等各种社会福利机构,大力倡导和参与希望工程、春蕾计划、幸福工程等众多公益项目,不断健全困难群体利益表达和利益协商机制,推动了社会资源向贫困地区流动,向困难群体流动,解决了困难群体上学难、看病难、就业难等一系列实际困难,为他们提供了更好的生存和发展的机会。

三、治理主体之人民:民生幸福的建设者与受益者

人民对民生幸福的期盼和需求是民生幸福建设的根本努力方向,只有人人参与的民生建设,才会最终实现人人共享的民生幸福。而改善民生的社会事业在本质上是民众的事业,只有人民的积极参与,才能建设真正适宜人民发展的社会。参与性构成了改善民生最具活力的发展品质。就功能而言,改善民生具有人人共享的"公共性"品质;就建设而言,改善民生需要公民的"参与性"行动;就活力而言,改善民生是源自人民的"创造性"活动。在价值观层面上,人民参与体现为人们的一种生活信仰和权利诉求。在实践层面上,人民参与作为一种机制设置,是介入改善民生建设的一种行动方式。其意义在于:人民在参与中能够发现自己的作用、表达自己的诉求、感悟自我的地位、义务和责任。首先,人民参与是公民权利在改善民生中的一种诉求方式和表达渠道,从而使自己对社会公共物品和社会价值分配的意愿和要求得以充分表达和有效诉求。其次,人民参与可以避免改善民生建设走向"动员式"或"运动式"的形象工程,从而获取改善民生建设动力机制的合法性,使得人民

在参与改善民生的过程中重新认识自己的生活,重新认识生活原本是什么样,可能是什么样,应该是什么样。第三,人民在参与民生幸福中的创造性,有利于强化政府与公民间的沟通与良性互动,增强政府对公众需求的回应性,有效地整合公民对政府关于"改善民生"发展理念的公共选择和价值认同,提升政府公共服务的绩效,从而增强人民对政府的认同感与满意度;有利于通过创造性的表达途径与方式,推动提高人民参与程度与参与质量,为民生幸福建设不断注入新的活力。

第二节　城乡社区建设:夯实基层基础

社区是人民群众的生活家园,是社会治理的基本单元,社区建设的根本宗旨在于为民服务。整合社区资源、聚焦社区服务是建设服务型政府、提升为民服务效能、密切党群干群关系、维护基层和谐稳定最直接、最实际、最有效的民生举措。作为全国最早开展社区服务、社区建设的省份之一,面对社区建设发展新阶段新特征,江苏全面推行"政社互动",推进社区"减负增效",不断夯实基层基础,努力提升社区治理的水平和质量。

一、江苏社区服务进展及努力方向

关于社区服务的界定,理论上和实践中存在着一些误区,有人认为社区服务是福利性、公益性的,只能由政府来操办。也有人认为,社区服务应以市场为主,走市场化的道路。对这些争论的解决,必须要明确社区服务的性质和功能。社区服务作为一种公共产品,其公共性的特征不可置疑。因此,作为公共部门的政府理应承担相应的义务。但是责任的承担不同于责任的履行。也就是说,面对社会化的进程不断推进和居民需求的日益增长,作为义务主体的政府完全可以也确有必要将相关具体事务委托给市场或第三部门来行使。所以,社区服务就可以理解为,在政府的主导和社会、市场的共同参与下,为社区居民提供的公共性、福利性、公益性、互助性、义务性和营利性服务的总称。具体来说社区服务又分为公益服务、公共服务和商业服务三类。公益服务针对的对象主要是社会困难群众;公共服务针对的对象是全体社区成员;商业服务是补充性的服务,由营利性组织提供,主要目的是为社区成员提供更加便捷优质的服务。

随着社会治理重心的下移,大量社会事务和社会资源下沉到社区,社区服务作为社会服务在社区领域内的着力点和基本体现,是国家提供公共服务和改善百姓民生的重要渠道。社区服务对民生幸福的主要作用在于能够为弱势群体提供基本保障。社区服务的保障作用,是社区服务的首要任务和基本功能,是由福利性这一社区服务的本质特征所决定的。政府通过对孤寡老人、残疾人、下岗失业人员、贫困家庭等弱势群体提供基本的生活保障和生活救济,从而保障社区成员的基本权利,维护最基本的公平正义。发动群众开展互助是社区服务的重要工作方式之一。在这个过程中,加强了社区居民之间的沟通协调,有助于将一些不稳定因素消除在萌芽状态,有利于调节经济发展、社会变革过程中出现的一些失衡现象。

目前,江苏共有城乡社区21420个,其中城市社区6920个,农村社区14500个。从1986年社区服务先行(在南京市秦淮区双塘街道起步),1997年南京市鼓楼区首先提出"社区建设是城区工作永恒主题"的发展理念,到2006年"吴江会议"率先全面启动农村社区建设,乃至到"十五"末,社区建设的工作重心主要是抓硬件、打基础、建平台,一直到"十一五",特别是2009年全国"苏州会议"之后，社区建设的工作重心逐步转移到了抓体制改革、机制创新、功能完善、活力提升。江苏省在此基础上进一步提出了构建"一委一居一站一办"治理结构，明确各部门在社区平台的运行关系，努力克服"过于行政化"倾向；提出了建立"三社联动"机制，整合社区内部资源，着力健全社区党委领导下的充满活力的居民群众自治机制。应该说，改革开放以来，江苏社区服务取得了长足发展，初步构筑起以社会救助为基础的社区公共服务体系，方便了群众生活，促进了社会和谐，提升了居民满意度和幸福感。与此同时，由于社区服务体系建设目前仍处于起步阶段，在资金筹措、资源整合、管理运行、队伍建设等方面还存在一些亟待解决的问题。在这些问题的背后，反映出了社区服务在规范化、社会化、专业化方面的制度性缺陷。在全面建成小康社会的进程中，创新社区服务体制机制，进一步改善民生，应从如下几个方面入手：

一是完善资金统筹机制。社区服务体系的构建离不开健全的财政保障机制。西方国家经过长时期的探索实践，逐步形成了多元的社区服务经费筹措渠道。如美国拓展社区发展资金的方式主要有：联邦政府的资助、地方政府的支持、基金会和教会的捐助、私人公司和银行的支持，富人的募捐等等。多元的资金投入，是美国社区能够获得持续稳定发展的重要保障。当前江苏省社区服务资金主要来自于政府的财政投入，来源较为单一，而且相对于社区居民多样性的需求，大多数地方政府的投入明显不足，致使社区服务的范围难以拓展，社区服务的质量难以提高。因此，江苏在构建社区服务体系的过程中，也应借鉴学习国外成功经验，积极建立多渠道筹资机制。要在加大政府投入的基础上，鼓励企业、居民等社会资本通过投资入股、合伙经营等形式，开办各类社区服务；要通过设立社区服务基金,加大对各类社区服务企业的政策、资金扶持力度,推动社区服务企业的壮大发展;要积极引导公众投资或赞助社区服务,充分考虑捐款人在社区中的利益和需求,加大对捐款人的物质和精神回报;探索设立"社区服务银行"等方式,通过"劳务换劳务"等方式扩大社区服务投资。

二是健全资源整合机制。整合资源是实现社区资源优化配置,推动社区服务长久发展的有效举措。当前,一些地方社区服务管理混乱,政府部门之间各自为政,缺乏规划和协调,难以与社会、企业形成合力,致使工作效率不高、居民满意度较低。为此,在组织系统内部,应当提高各级政府对社区服务的认识,制定统一的社区服务发展规划,明确区街政府、政府职能部门以及公营部门(学校、医院等)的具体职责和工作重点,加强系统内部各部门之间的沟通和协调,形成推进社区服务发展的合力。在组织系统外部,要与社区企事业单位、社会组织和社区居民之间建立多种横向协调机制,激发辖区各类主体参与社区建服务的积极性,打破服务资源壁垒,在政府、社会、企业之间形成良性循环,构建多层次优势互补的社区服务网络。

三是完善队伍建设机制。从国外经验来看,专业化是社区服务的发展方向,相关人员必须经过系统的专业训练,获得专业的资格认证才能正式从事社区服务工作。目前江苏省社区服务虽已建立起由专职人员、兼职人员和志愿者组成的社区服务队伍,但总体看来专业化水平还比较低,主要由离退休人员、下岗的中青年以及志愿性的服务人员组成,这些人大多没有受过系统的专业培训。针对社区工作者专业化水平不高的问题,《国家中长期人才发展规划纲要(2010—2020年)》提出了明确的目标要求,即"适应构建社会主义和谐社会的需要,以人才培养和岗位开发为基础,以中高级社会工作人才为重点,培养造就一支职业化、专业化的社会工作人才队伍。到 2015 年，社会工作人才总量要达到 200 万人。到 2020 年，社会工作人才总量要达到 300 万人"。2015 年，江苏省委组织部和省民政厅联合出台《加强社会工作专业人才队伍建设的实施意见》，要求通过开发社工岗位，提高社工薪酬标准，通过政府购买服务，加快社工机构发展等措施，吸引更多专业人才加入社工队伍，充分发挥社工专业优势和创新社会治理方面的作用。今后，在继续培育和引进社会工作人才方面，一方面要大力发展社区工作教育，完善社区服务工作者的培训制度、考核制度、认证制度和专业技术职务制度，着力培养一大批专业化和高层次的义工和社区工作者；另一方面，要提高社区服务工作者的经济待遇、职业声望和社会地位，增加社区服务岗位的吸引力，加大社区服务岗位对人才特别是专业社会工作者的引进力度。

二、江苏社区治理的实践探索

一般意义上说，社区治理是指政府（街道、社区居委会）、社会组织、社区居民及驻区单位等基于社区公共利益，在协作协同的基础上有效供给社区公共物品，满足社区需求，优化社区秩序的过程和机制。党的十八大报告第一次把社区治理写入党的纲领性文件。党的十八届三中全会又进一步指出："建立健全居民、村民监督机制，促进群众在城乡社区治理、基层公共事务和公益事业中依法自我管理、自我服务、自我教育、自我监督。"[1]以人为本，实现人的全面发展和幸福，既是社区治理的原则和理念，也是社区治理的目标和要求；推进社区治理，就是围绕人民幸福这个中心主题，把实现好、维护好、发展好最广大人

---

[1]　《中共中央关于全面深化改革若干重大问题的决定》。

民根本利益为出发点和落脚点,一切活动都应以人的生活质量提升和个性发展为评价指标,以个人生活需求的满足与民生幸福的实现为最终旨归。在这个意义上说,社区治理的过程就是一个与民众息息相关的各类社会事业不断发展、民生不断改善、幸福逐渐实现的过程。

我国严格意义上的社区治理实践发端于 20 世纪 80 年代。之后,随着中国社会的转型,单位制逐渐解体,城市基层组织体系面临着新的调整需要,社区成为社会功能运作、社会问题解决的重要场域,社区治理也开始从点到面轰轰烈烈地展开。20 世纪 90 年代后期开始,我国各地城市掀起了社区建设和社区治理的热潮,并涌现出"江汉模式"、"盐田模式"、"青岛模式"等具代表性、影响全国的社区建设模式。随着社区治理体制机制改革创新的实践的深入,近年来,又有诸如深圳盐田、安徽铜陵、贵阳小河、南京鼓楼等地的改革创新和实践探索。

江苏是全国最早推进社区管理、社区治理的先行区。1999 年 1 月,国家民政部在南京市鼓楼区召开全国第一个城市社区建设理论研讨暨经验论证会,随后中共中央办公厅、中组部、民政部专题调研南京市社区建设工作,在此基础上,2000 年 11 月中央办公厅国务院办公厅出台了《关于在全国推进社区建设的意见》。这个文件的出台为全国社区建设管理工作提供了理论和实践上的依据。社区管理工作从政策层面破题后,得到了迅速发展。2007 年 7 月,民政部在南京召开首次和谐社区建设标准论证会。同年 10 月,民政部在南京举办了第一期全国农村社区建设实验工作讲习班,标志着全国农村社区建设开始从设想走向实践。2010 年 7 月,江苏省政府与民政部签订《关于推动江苏民政事业率先发展的协议》,明确规定,江苏要在社区管理创新方面先行先试,成为全国社区管理创新的先行区、试验区、示范区。近年来，全省各地始终把和谐社区建设工作纳入全局，坚持政策引导，城乡统筹，协调推进，社区管理水平不断得到提升，为改善民生、全面建成小康社会奠定了坚实的基础，为全国社区治理提供了经验和借鉴。2014 年，江苏省城乡和谐社区合格率分别达到 85％和 75％；南京、太仓 2 个市、13 个区、16 个街道、83 个社区被民政部评为第二批全国和谐社区建设示范单位，单项及总数均列全国第一；江苏全省所有设区市均出台了推行"政社互动"的实施意见和工作方案，全省已有 531 个乡镇（街道）开展了"政社互动"试点工作，占总数的 45.6％，其中苏南 76.7％、苏中 41.9％、苏北27.4％，进度和成效都超过了预期。

此外，实践中，江苏也形成了许多具有区域性、本土性的社区治理模式，如南京建邺模式、鼓楼模式、苏州相城模式、南通崇川模式等，在全国具有一定的影响。

1. 建邺模式。该模式主要特点是：构建"一委一居一站"管理体制，推行扁平化管理。通过建立和完善社区"一委（即社区党委）一居（即社区居委会）一站（即社区管理服务站）"管理体制，强化社区党组织领导核心作用，剥离社区居委会行政事务，增强自治功能，强化社区管理服务站承接的政府延伸至社区的公共管理和服务职能，实现了社区管理服务功能的综合提升。扁平化管理，指优化原有的两级政府（区、街）三级管理（区、街、社区）管理的基层组织架构，重新调整各管理层级之间的职能，消除资源梗阻，将人、财、物等各类资源直接向社区下沉，在基层实现各类资源的有效整合和优化配置，形成管理重心向社区下移，财政投入向社区倾斜，公共资源向社区下沉，优秀人才到社区锻炼的良性循环。

2. 鼓楼模式。该模式主要特点是：厘清社区运行关系，实现社区治理有效衔接和良性互动。建设街道社区综合服务中心,上收下沉社区的公共服务和行政事务事项,简化居民服务办事程序和环节,保留社区居委会对特殊困难群众的代理代办服务,社区整合出来的办公用房空间全部用于居民活动和服务,进一步强化社区自治管理和服务职能。试点一站多居,按若干社区设置社区管理服务站,集中办理周边若干社区行政事务,逐步实现"政社分离"。集中设置的社区管理服务站承接区机关部门下派的相关工作。这两种体制试点,强调社区治理从偏重行政到服务和自治的转变,强化社区的服务和自治意识,降低治理成本,有利于增加社区治理的社会资本。同时,针对社区居委会人力有限和专业能力不足的实际,鼓楼区实施了社区睦邻中心建设计划。社区睦邻中心是以政府购买社会服务的方式,在社区层面设置的从事社区福利服务的新型社区服务实体,由社会组织运营,服务半径为步行 15 分钟服务圈范围,为老年人、残疾人、青少年、妇女儿童、特殊人群等提供多样化个性化服务。社区睦邻中心拓展社区服务内容,弥补公共服务及社会公益不足,带动社区服务专业化、实体化,推动社区工作社会化,促进了社区治理机制的完善。

3. 苏州相城模式。该模式主要特点是优先规划"五个中心"、"两个场所"社区功能布局,大力推行"一站式"服务。"五个中心"是指服务中心、文体中心、教育中心、健康中心、平安中心;"两个场所"是指社区宣传和户外活动场所。在各个社区具体功能布局时,强调根据实际突出各自特色。社区普遍开辟了百姓讲坛,建了自己的网站,及时反映社情民意。该区重视社区公共服务。区政府于 2006 年 6 月开通了 968895 便民服务热线,全方位、多角度地为社区居民提供服务。居民不出社区、不出家门,拿起电话就能享受服务。服务内容不断拓展,目前有

16 类 168 项,服务半径覆盖 3 个街道、1 个开发区,服务人口 21.52 万人,居民群众的满意率达 98.3%,被老百姓称为"电波传递的政府服务"。

4.南通崇川模式。该模式主要特点在于精细化社区治理空间、治理力量下沉、有效动员社区参与。南通市崇川区对社区治理空间进行重构,以距离和人口为标准设置若干个邻里空间,将以往的社区空间治理转为邻里空间治理;同时在动员机制上设置若干个邻里居民参与型社会组织,由其承载邻里治理的主导型角色。邻里作为社区内空间更小的单元,在设置原则上,以畅通与群众联系和服务群众的最后 500 米为目标,以现有小区为基础,以居民共同居住空间和习惯为要素,按照"地域相近、楼幢相连、资源相通"的原则进行设置。组织架构上,在社区"一委一居一站一办"基础上,设置了"一心一会三组九大员"体系。其中,"一心"为邻里党支部,以 1—2 幢楼为单位设置若干楼幢党小组,邻里党支部书记和委员由党员大会选举产生,与社区党委一起构成社区党委—邻里党支部—邻里党小组纵向结构。"一会"为邻里和谐促进会,每个邻里成立由理事长和理事组成的邻里和谐促进会,理事长、理事由每个邻里自己推选产生,同时每个社区干部作为干事,负责一个邻里。"三组九大员"是以居民、社会组织、辖区单位为主体的共同参与的服务力量,包括共管服务组、专业服务组、志愿服务组等,配齐信息、保洁、保安、调解、巡防、宣传、评议、秩序、帮扶等九类服务人员。该区同时通过社区各类组织形式和载体如社区居民代表会议、邻里议事会、邻里评议会等打造了社区基层协商、治理的综合型平台。

三、江苏以扩大社区参与夯实民生幸福基础

群众参与、社区发展以及民生幸福三者密切相关。从社区

发展的角度来看,社区居民的广泛参与是社区建设的动力和源泉,也是社区建设的生命线,在一定程度上决定了社区改革的成败。从民生幸福的角度来看,广大群众对自身的所需所求最为关注也最为了解,只有"人人参与"和"人人尽力",才能更好地实现"人人共享";只有通过广泛的社区参与,才能够更好地保障自身权益,实现民生幸福。

改革开放以来,在党和政府的积极号召和大力支持下,社区参与的范围和参与的程度在不断提高,但总的来说,大多数社区还存在着群众参与还处于比较被动的状态,存在着积极性不够、参与率不高的问题。为此,应着重从以下几个方面入手,提升社区参与的程度:

首先,切实增强社区参与意识。居民参与是社区归属感和认同度的体现,更是社区精神的重要诠释。要通过培育居民社区参与意识,重塑归属感和凝聚力强的社区精神。在培养居民参与意识的过程中,固然需要大力宣传和广泛动员,需要群众认知的进一步提升,但也要看到宣传教育并不是最重要和最有效的方式,盲目而无意义的说教并不能起到令人满意的效果。真正提高居民对社区认同感、归属感和参与意识的方法是实现居民利益的社区化。市场化、社会化的进程造就了社区居民利益的复杂化,但在复杂的利益格局背后,社区居民依然有着社区环境、社区治安、社区文化、社区服务等方面的共同利益。只有居民感受到自己的切身利益同社区整体利益息息相关,并把社区整体利益的实现作为个体利益实现的重要前提和保障时,居民社区参与才会被充分激发。因此,政府部门应当特别重视社区中群众共同利益特别是民生权益的实现,让社区居民深切地感受到社区发展进步与他们是息息相关的,从而有效调动社区居民参与的积极性。

其次，逐步完善社区参与机制。从法律规范的角度来看，扩大居民参与必须要赋予居民全面、具体的权利和义务。我国现行的条文赋予了社区居民参与社区治理的相关权利，如《城市居民委员会组织法》相关条文规定："居民委员会主任、副主任和委员由本居住地区有选举权的居民选举产生"，"涉及全体居民利益的重要问题，居民委员会必须提请居民会议讨论决定"①等等。但问题在于这些直接的居民自治权利和间接的居民自治权利不仅数量少而且不够具体，无法适应当前各地开展的"完善基层自治制度，深入开展以居民会议、议事协商、民主听证为主要形式的民主决策实践，以自我管理、自我服务、自我教育为主要目的的民主管理实践；以居务公开、民主评议为主要内容的民主监督实践"②。为此，应通过"公众充权"的方式来落实社区居民的表达权、知情权、参与权和监督权。在参与权方面，明确如何成为自治体成员并参加活动等权利；在选举权方面，明确选举和被选举成为决策机构、协商机构、监督机构组成人员的权利；在决定权方面，明确讨论并表决相关机构工作报告，讨论并表决社区公约、自治章程、工作规划等方面的权利；在知情权方面，明确了解经费收支使用状况，相关文件查询的权利；在监督权方面，明确提出社区相关机构组成人员不称职动议的权利以及提出撤换相关机构组成人员动议的权利。除了法律规范以外，相关职能部门还应根据实践中出现的问题，在法律的框架内及时制定相关规范性文件，进一步明确居民参与的权利、义务和责任，规定和完善居民参与的内容、方式和程序，参与条件和奖励措施等，确保社区参与的广泛性、规范性和实效性。

---

① 《中华人民共和国城市居民委员会组织法》。
② 李立国：《创新基层社会管理》，《决策》2012 年第 2 期。

再次,不断拓宽社区参与渠道。社区参与渠道不畅,会导致社区居民对社区事务缺乏了解,甚至无法正常行使正当的自治权利,是影响群众社区参与的另一个重要原因。一方面,要不断拓展社区参与的载体,除了让居民参与到社区党支部、社区居民代表大会、社区协商议事委员会、社区居委会、社区工作站等机构外,还应培育发展一些诸如福利委员会、老人妇女自治组织、志愿者与志趣性组织等与群众生活密切相关的社区民间组织。社区民间组织作为政府与居民沟通的桥梁,是居民参与社区事务的重要途径,而政府通过政策的扶持和引导,能够促进社区社会组织健康发展,能够提高社区居民参与的积极性和有效性。因此,政府要通过加大宣传社区社会组织力度,让社区居民信任和接纳;要按照活动类、慈善类、维权类等分类标准对社区社会组织区别对待,分类管理,采取不同的扶持引导政策;要为社区社会组织的发展提供制度性的平台,建立健全委托授权机制、合作联动机制、监督评估机制,为社区社会组织在社区事务中的作用发挥提供制度性的平台。另一方面,要不断拓展社区参与的方式。在参与方式上,要做到制度内的参与方式与制度外的参与方式相结合,传统的参与方式与现代的参与方式相结合,构建全方位、多层次的社会参与体系。也就是说在坚持参与社区正式机构的活动的基础上,积极探索新闻发布会、听证会、社区论坛、居民回音壁、居民评议社区服务等方式;在坚持传统的现场参与、电话参与、书面参与的基础上,积极探索网络参与的方式,善于运用大数据驱动将社区的重大事项特别是涉及居民权益、民生利益的内容纳入信息系统,让社区居民通过社区网站、社区微博、社区微信公众号、移动 APP 智慧社区平台等方式,交互式、全方位、立体化地了解和参与社区事务,加强政府民生部间的数据共享,让数据多跑动,居民少跑路,为社区居民更好享受社区服务、有效参与社区事务提供便捷的渠道平台。

第三节 社会组织培育:激发社会活力

社会组织的培育和发展,是当前社会治理创新的着力点和重要突破口,也是社会良性运行和协调发展的重要外部条件。社会组织作为社会治理和基本公共服务供给的重要力量,其角色正在逐步从接受管理者走向参与治理者的转变,并将在社会治理中、在民生幸福建设中发挥越来越大的作用。

一、江苏社会组织活力不断增强

社会组织,又称"民间组织"、"第三部门"或"非政府组织(NGO)",是指那些在社会转型过程中由各个不同社会阶层的公民自发成立的,在一定程度上具有非营利性、非政府性和社会性特征的各种组织形式及其网络形态。①从其属性上分析,目前较为权威的研究成果认为,社会组织的本质属性有"六大特征":正规性、民间性、非营利性、自治性、志愿性和公益性。② 按照组织形式划分,社会组织可以分为社会团体、基金会和民办非企业三类。③ 美国约翰-霍普金斯大学将社会组织划分为 12

---

① 王名:《走向公民社会——我国社会组织发展的历史及趋势》,《吉林大学学报》2009 年第 3 期。

② [美]莱斯特·赛拉蒙:《非营利领域及其存在的原因》,载李亚平、于海主编《第三域的兴起》,复旦大学出版社 1998 年版,第 33—35 页。

③ 此三类社会组织均在民政部门注册登记并获得法律地位,实践中还有数量庞大的未登记但以社会组织名义活动的特殊社团。这些社会组织在其发展趋向和组织功能定位上与此三类组织有很大的相似性,因此也属于广义的社会组织。

个大类 26 个小类,其中 12 个大类主要是:文化和娱乐、教育和研究、卫生保健、社会服务、环境、发展和住宅、法律倡导和政治、慈善中介和志愿促进、国际、宗教、商业和职业协会、工会以及其他组织。[①] 近年来,国家民政部出台了社会组织新的分类标准,将社会组织分为经济、科学研究、社会事业、慈善、综合等 5 大类,工商服务业、农业及农村发展、科学研究、教育、卫生、文化、体育、生态环境、社会服务、法律、宗教、职业及从业者组织、国际及涉外组织和其他等 14 个小类,实现了与国民经济行业分类标准以及联合国推荐的非营利组织分类标准的衔接。

改革开放以来,伴随着我国经济快速发展,政治建设、文化建设和社会建设的协调发展问题受到了充分重视。在这个阶段,社会组织的作用得以认识和显现,社会组织得到了蓬勃发展,特别是一大批与市场经济发展和政府职能转变相适应的社会组织如雨后春笋般发展起来。1998 年我国先后颁布了《社会团体登记管理条例》和《民办非企业单位登记管理暂行条例》,2004 年又颁布了《基金会管理条例》,社会组织的数量呈现出爆炸式增长的趋势。根据民政部《2014 年社会服务发展统计公报》,截至 2014 年底,全国共有社会组织 60.6 万个,其中,社会团体 31.0 万个,比上年增长 7.2%;基金会 4117 个,比上年增长 16.0%;民办非企业单位 29.2 万个。[②]

江苏的社会组织培育发展实践,一直走在全国前列,其主要特色表现如下:一是降低登记门槛。2013 年,江苏在全省范围试行对行业协会商会类、科技类、公益慈善类、城乡社区服务类社会组织直接登记,江苏省民政厅专门制定出台《江苏省四

---

① [美]莱斯特·赛拉蒙:《全球公民社会非营利部门视界》,贾西津、魏玉等译,社会科学文献出版社 2007 年版,第 390—395 页。

② 民政部:《2014 年社会服务发展统计公报》。

类社会组织直接登记管理暂行办法》，并于 2014 年 11 月 1 日实施。降低登记门槛后，仅 2014 年就增加社会组织 14567 个，年增长率达 26%。其中，直接登记的社会组织占全省登记总量的 19.1%，占同期登记数量的 57.2%。截至 2015 年，江苏省注册登记的社会组织数已达 71571 个，登记总量居全国第一位。二是率先政社脱钩。江苏率先力推"政社脱钩"，推进社会组织特别是行业协会商会在机构、人员、财务等方面与行政机关脱钩，南京、无锡、苏州、常州等地陆续出台政策，推行行业协会与行政机关在人员、财产、机构、职能等方面的"四脱钩"改革，取得了明显实效；严格限制党政机关领导干部担任社会组织负责人；有序推进社会组织年检并逐步推行网上年检，抽查审计中，活动不正常、运作能力弱、社会认可度低的社会组织将实行有序退出。三是强化"造血"功能。到 2015 年底，90% 的县（市、区）都建立了社会组织培育孵化基地；江苏制定向社会组织购买服务事项目录，把政府能够交给社会组织做的事情清单化、目录化并根据情况动态调整，由政府向社会组织购买服务，提升社会组织的运行效能。目前，江苏购买社会组织服务的领域已经广泛涉及社会养老、助残帮困、青少年服务、社区服务等诸多方面。

二、进一步培育引导社会组织参与社会治理

近年来，江苏社会组织的发展与培育取得了很好的成果，但也存在着一些亟待解决的问题。首先，社会组织成长空间不断扩大，发展态势良好，但社会领域对于社会组织的功能尚缺乏科学的认识。其次，社会组织日益发展，但其社会公信力问题也越来越凸显，尤其表现在公益慈善类社会组织领域。第三，社会组织越来越多地参与社会治理，但也面临着能动性和

行动力不足的困境,与一些研究者所认为的,社会组织是政府管理的"减肥剂"、政府与社会的"黏合剂"、弱势群体的"保护伞"功能相距较远。为此,只有进一步转变管理理念,加大培育力度,加强监督管理,完善政策体系,更好地推动社会组织良性发展,促进社会组织自觉有序地参与社会治理,才能提升人民群众幸福感。

第一,转变理念,引导社会组织参与民生建设。治理和善治的兴起与发展为政府与社会的关系分析提供了一种新的理论分析框架。治理理论的重要特征之一就是强调治理主体的多元性。治理理论主张,虽然政府在分配社会资源、维护社会秩序和保障公民权益等方面仍然发挥着至关重要的作用,但政府已不再是社会治理的唯一主体,基层自治组织、行业组织、社团组织等社会组织也应参与到治理活动中去。在公共服务领域,政府单一供给模式容易带来低效率而导致公众不满,应改革传统的管理理念,弱化审批权限,转移部分职能,打破政府垄断,充分发挥社会组织在民生领域中的重要作用。要进一步转变政府职能,按照政社分开的原则,寻求基层社会组织管理和服务民生事业的新途径,不断强化民生领域的社会自治和自我服务功能。

第二,注重培育,提升社会组织公共服务能力。当前,社会组织特别是草根社会组织的发展面临着人才匮乏、项目短缺、经费不够等诸多挑战。为有效解决社会组织面临的各种困难,政府应从资金、场地、人力资源等各方面扶持社会组织,发展壮大社会组织,为社会组织更好地参与民生服务奠定良好的基础。其中,资金缺乏和人才欠缺是制约社会组织发展的两个主要因素。针对人才瓶颈,政府应当积极探索适应社会组织员工和志愿者的薪酬保障、社会保险、专业资格评聘等职业保障政策、稳定、鼓励和吸引更多的人才从事社会组织管理服务工作，为民生事业的发展提供坚实的人力资源保障。针对资金瓶颈，应创新模式，多措并举，为社会组织的发展壮大提供资金支持。要健全完善税收减免政策，形成一套齐全的社会组织公益减免税政策，对公益性、救济性捐赠行为，制定更加有力的鼓励和推动政策；要推动发展基金筹集，积极鼓励社会捐赠，通过多方筹资建立社会组织发展专项基金，并在办公场所、场地使用、设施配备等方面给予扶持和政策倾斜，以保障社会组织自身的生存和业务活动的正常开展；要强化政府的财政支持，借鉴西方国家较成熟的政府委托经营、政府购买服务、政府补贴服务模式，使得社会组织不断地获得政府财政上的支持，从而更好地发挥社会组织在技术和服务上的优势，为社会和群众提供优质的民生服务。

第三，加强监管，促进社会组织健康有序成长。政府部门职能的转移和让渡，并不意味着政府对相关事务的完全放弃，而是转换了工作角色，担负起了监督者的职责。为了切实提高对社会组织介入民生事业的监督管理，必须不断创新监管的手段和方法。首先，要积极引入社会评估，实现监督管理的社会化。可以通过聘请专家或者组建相对独立并具有一定学术权威的评估机构，依托一系列完整、科学的社会组织评估指标体系，对社会组织在民生服务领域内的行为和成效进行评估，从而增强评估的公正性和科学性。同时，还可以培养一批能够担任起部分监管职能的社会组织，探索"社会组织管理社会组织"的管理模式，将政府的部分职能让渡给社会，加强社会组织的内部监督和自我监督。其次，要推动社会组织的规范化运作，建立较为完善的信息披露、报告和失信惩罚机制，增强社会组织运作的公开性和透明度，改进社会组织与社会公众间的信任关系,提升社会组织的诚信度和公信力。最后,要理顺监管关系,建立协调统一、相对集权的社会组织行政监管体制。可以借鉴英国慈善委员会的经验①,在现行民政部门社会组织管理系统的基础上,筹建统一的、全国性的、相对独立的社会组织监管委员会,将业务主管单位及其他各相关部门行使的对于社会组织的监管职能,逐步统一于社会组织监管委员会。

第四,创新体制,为社会组织提供广阔发展空间。国外经验教训表明,政策法律等制度因素的完善,是社会组织兴起的必要条件;不健全的制度环境,是社会组织发展的制约因素。对于我国而言,健全和完善社会组织的制度环境,主要体现在两个方面:其一是要改革现有的登记制度。现行的社会组织身份取得,实行的是严格的注册制度。在社会建设日益深入的背景下,这种登记制度的弊端和不适应性已经愈发凸显。改革现行社会组织登记制度,要求降低准入门槛,努力构建建立在科学分类和分层基础上、包括备案注册——登记许可——公益认定形成的三级社会组织准入制度,一方面尽可能拓宽社会组织的准入范围,赋予社会组织以合法性,另一方面又鲜明地表明政府的政策导向,为公益性社会组织的发展创造更好的制度环境。② 其二是要完善现有的法律制度。当前,我国关于社会组织的立法主要体现在《社会团体登记管理条例》、《民办非企业单位登记管理暂行条例》等行政法规之中,尚无规范统一的《社会组织法》和与之配套的规章制度,难以适应社会组织的发展需要。因此,应在现有行政法规的基础上,积极推动制定规范统一的社

---

① 王名、刘求实:《中国非政府组织发展的制度分析》,《中国非营利评论》2007 年第 1 期。

② 中国(海南)改革发展研究院:《民间组织发展与建设和谐社会》,中国经济出版社 2006 年版,第 30 页。

会组织基本法律和专门的法规制度,建立健全社会组织法律法规体系,进一步规范社会组织培育发展和参与社会治理行为。

第四节　公共文化服务:丰富精神生活

民生建设不仅包括物质生活建设,也包括精神文化生活建设。随着物质生活水平的提高,人们对精神文化生活的需求也日益凸显,精神生活的"富裕与贫穷",直接影响着人们的幸福感。满足人民群众日益增长的精神需求、增强人民群众的精神力量已然成为民生建设的重要内容。"从社会主义核心价值体系的大众化、建设中华民族共有精神家园等方面不断提升精神文化生活,有助于促进人的全面发展,推动社会和谐进步。"①在全面建成小康社会的攻坚时期,民生建设要格外重视人们的精神文化生活,"要坚守前进方向、坚守理想信念、坚守正义良知",内化为人们的精神追求,外化为人们的自觉行动,使得社会主义核心价值观成为人们的共有精神家园。

一、精神生活及其民生意蕴

丰富多彩的人类生活主要体现在人的物质生活和精神生活中。物质生活是体现在外在的人们最基本的生存和生活需要,而精神生活则是人们内在的对更高层次、对更美好生活的向往、追求和价值升华。

精神生活是人们生活的重要组成部分,能否享受精神生活,直接关系到人民的生活质量和水平,直接影响着人们的幸福感。人的幸福感的获取和满足是建立在物质生活基础上的,

① 刘洪森:《民生建设要重视群众精神文化生活》,《前线》2013年第8期。

但在更大程度上依赖于人的精神文化生活内容的丰富和层次的提高。精神文化的落后与贫乏，必定会使人们感到精神涣散、思想迷茫、力量匮乏，这直接威胁到人的生存与发展。而人的精神文化世界的富足，则可以鼓舞人心、激发斗志，给人正确的价值引导、更高的道德规范、真挚的情感关怀，从而在更大程度上提高人的幸福感。[1]

随着经济的快速发展，人们在物质生活得到满足的同时，更大限度地追求精神生活，精神生活也在不同方面影响着人们。精神生活对人们有重要的影响，丰富的精神生活能够使人们挖掘潜能和智力，促进学习进步[2]等。因此精神生活对人们的生活意义重大，如果人们只满足于物质生活而忽略精神生活，势必导致生活毫无生机，只有注重精神生活，丰富自己的精神世界，生活才会充满乐趣，对生活充满希望，生活才会幸福。从民生建设的角度来看，精神生活（文化建设）应关注公共文化服务发展，本节在论述精神生活与民生幸福时也主要从公共文化服务的视角展开分析。

二、江苏公共文化服务建设的主要进展

当今世界，人们精神文化消费的层次越来越丰富，对文化产品内容和形式的要求越来越多样，对公共文化服务越来越要求以新的内涵来提升、以新的形式来表现、以新的手段来传播。社会主义和谐社会所要达到的人与人之间、人与自然之间、人与社会之间的和谐，正是公共文化服务追求的最高目标。向人

---

① 刘洪森：《民生建设要重视群众精神文化生活》，《前线》2013 年第 8 期。

② S.E.Koohbanani et al. ,"The Relationship Between Spiritual Intelligence and E-motional Intelligence with Life Satisfaction Among Birjand Gifted Female High School Students", *Social and Behavioral Sciences* , 2013(84):314 - 320.

民提供公共文化产品和服务是公共服务的重要内容之一，也是不断满足人民群众日益增长的精神文化需求的重要方式和路径选择。完善公共服务，就是要建成覆盖城乡、实用高效、保基本、促公平的现代公共文化服务体系，高效利用公共文化资源，推动公共文化服务均等化与标准化程度，提升人民群众的参与度和满意度。

近年来，江苏省以构建公共文化服务体系为主攻方向，全省公共文化建设呈现出良好的发展态势，取得了显著的进展。

一是覆盖城乡的公共文化设施网络基本建成。江苏省覆盖城乡的五级公共文化设施网络体系已基本形成，在全国率先实现公共文化设施免费开放，率先完成乡镇文化站和村文化室达标建设任务。全省国家一级图书馆、文化馆、博物馆总数居全国第一，万人拥有公共文化设施面积 1500 平方米。形成了"省有四馆、市有三馆、县有两馆、乡有一站、村有一室"的五级公共文化设施网络体系，全省公共文化服务设施网络覆盖率达 90％以上，数量和质量均领先全国，公共文化设施均等化水平也得到明显提高。如，南京江宁区的 201 个社区（村）基本都建起 120 平方米以上的文化活动室，每万人拥有综合性多功能室内文化活动场所面积近 700 平方米，实现了"村村建有文化活动室"的工作目标。无锡的基层公共文化设施全面达标，"农家书屋"行政村全覆盖，文化氛围浓烈。泰州市建成 10 个宣传文化中心，每个文化中心的面积均不少于 3000 平方米，涵盖了教育、辅导培训、休闲娱乐、图书阅览、居民活动等多方面的功能。即便是江苏省 7 个重点贫困县之一的宿迁泗洪县，不但县级层面设有文化馆、图书馆和博物馆，而且全县 23 个乡镇均建起了综合文化站。

二是公共文化服务示范创建走在全国前列。江苏省苏州、无锡、南京、南通等示范项目进入国家公共文化服务示范创建名单;在第一、二批省级公共文化服务体系示范区创建中,4个省辖市、22个县市区以及210个乡镇街道被命名为省级文化服务体系示范区。苏州张家港市"网格化"公共文化服务模式被文化部在全国推广。无锡结合地方历史,开展了传统锡剧表演、吴文化专题沙龙等特色活动。泰州姜堰市溱潼镇被评为全国文化艺术之乡,垛田镇的农民画、周庄镇的民乐、茅山镇的民歌被评为江苏省特色文化之乡等。

三是基层群众文化活动蓬勃开展。近年来,江苏省各地广泛开展了"精彩江苏——文化民生基层文艺巡演"、"百场公益演出广场行"等活动。江苏省体育中心在南京各社区开展"金陵健步走"活动,鼓励市民积极参与运动,强身健体。无锡以"激情周末"广场文艺演出、未成年人心理健康系列活动、"书海拾贝"百科知识问答等多种形式展开公共文化服务活动。同时,全省"三送"活动全面定期开展,南京江宁区农村放映电影全年平均每个行政村(社区)放映17场次;泰州的农村地区电影放映工程则已实现了制度化,不但配备了专门的人员和设备,每年还对电影放映任务完成情况进行考核检查,以作为资金拨付的主要依据。这一系列以群众、百姓需求为导向、广接地气的群众性文化活动,为群众自我参与、自我展示、自我服务搭建了平台载体,激发了基层群众的文化创造力,促进了基层公共文化产品的自我供给和流通。

三、江苏须用文化打造民生软环境

社会文明程度高是民生发展的综合体现,也是民生建设迈上新台阶的重要目标。今后几年是江苏公共文化服务体系建设的关键时期,要坚持政府主导,按照"公益性、基本性、均等性、便利性"要求，以公共财政为支撑、公益性文化单位为骨干、全体人民为服务对象，以保障人民群众基本文化权益为主要内容，以创建公共文化服务体系示范区为引导，加快构建覆盖城乡的现代公共文化服务体系，切实为民生幸福建设打造文化"软环境"。尤其要通过文化引领，培育和践行社会主义核心价值观，最大限度汇聚向上向善的正能量；通过深化精神文明创建，让文明之花开遍江苏城乡大地；通过文化事业和文化产业双轮驱动，不断满足群众日益增长的基本文化需求；通过实施网络内容建设工程，发展积极向上的网络文化传播社会正能量；通过倡导人文关怀，更加尊重人的主体地位和个性差异，更加关心人的精神文化层面的需要，更加努力满足人的自我发展、自我完善的需要。[①]重点推进以下四个方面的工作：

一是进一步完善覆盖城乡的公共文化网络。文化设施是公共文化服务的重要基础和平台，线上和线下网络则是极具开发潜力的资源和手段。一个地方开发的新产品通过网络化传递传播，可以实现全省甚至是全国共享，全省的特色活动累加起来，将是一个庞大的公共文化服务数据库。下一步要通过硬件提升、服务改善、机制优化，推动政府向社会力量购买公共文化服务，注重运用互联网和现代科技提升，扩大和延伸公共文化服务，加大对农村文化建设帮扶力度，推进更多优质文化为基层服务，打造和完善覆盖城乡公共文化设施和服务网络。

二是加快推进城乡文化发展一体化。江苏省城市化发展迅速，但是城乡在教育、文化、卫生一体化等方面仍存在差异，政府和相关部门应该建立以城带乡联动机制，合理配置城乡资源，推动城乡公共文化服务均等化。重点是以文化惠民工程为

---

① 曹卫星：《以改革创新精神加快公共文化服务体系建设》，《唯实》，2014 年 6 月。

抓手,扩大公共文化的城乡覆盖,消除堵点盲点,提高标准质量,改进管理服务。

三是抓好公共文化服务体系示范区创建。应认真做好国家级和省级公共文化服务体系示范区、示范项目创建工作,努力培育一批带动性、导向性强的公共文化服务创新典型。例如江北新区作为江苏省首个国家级新区,其在依托南京市高校资源、丰富江北新区居民的精神生活方面大有可为。

四是积极创新公共文化服务机制与模式。江苏省在大力发展扶持社会组织、统筹资源推动江苏省公共文化服务发展上具备较好的基础,今后仍需抓住增强文化发展动力活力这个关键,鼓励各地大胆探索,先行先试,通过体制机制创新,提升公共文化服务体系建设水平,进一步丰富公共文化产品供给,创新公共文化服务运行机制,在满足人民群众日益增长的精神文化需求的同时,实现好、维护好、发展好人民群众的文化权益,不断提升精神层面的幸福指数,逐步构建起一个崇文尚德、社会文明程度高的新江苏。

第六章
民生幸福之江苏启迪：走幸福共享之路

　　自改革开放以来，江苏从实现好、维护好、发展好最广大人民群众根本利益的高度出发，把保障和改善民生作为一切工作的出发点和落脚点，促进经济社会协调发展，教育、卫生、就业等各项民生建设工作均取得了显著成就。进入新世纪，江苏注重将民生建设放在工作的重中之重，深入推进理念提升，不断采取新的政策举措，以实际行动践行着"发展经济的根本目的在于保障和改善民生"的最高准则。2015年，江苏根据发展新理念和发展阶段新变化，对原有发展战略进行了丰富完善，对战略内涵进行了深化拓展，在民生建设领域实施民生共享战略。从最具普遍意义的角度看，江苏正在探索的走人民幸福共享之路，至少有如下四个方面值得探讨。

第一节　经济社会发展阶段性特征是基本出发点

　　经济社会发展的一个永恒主题是为人民谋福祉。阶段性特征是历史发展的结果，是在不同政策的导向下形成的，因此关注和分析经济社会发展的阶段性特征理应成为考虑问题的基本出发点，这对于制定社会政策具有非常重要的意义。纵观世界民生发展模式，大致有民生先导于经济的高福利模式、民生滞后于经济的追赶模式、民生协同于经济的共享模式三种。我国正处于逐渐摆脱滞后模式、迈向共享模式的跨越阶段,想问题、办实事、建制度都必须考虑这个实际。

从全国来看,国家是以经济社会发展的阶段性特征作为制定政策的出发点,不断分析现状,总结经验,吸取教训,采取更有意义的、针对性的措施。以江泽民同志为核心的中央领导集体在 20 世纪 90 年代中期就开始对实施第三步战略部署进行前瞻性的战略思考。1997 年 9 月,党的十五大提出到 2010 年、建党 100 年和新中国成立 100 年的目标,即 21 世纪的头 10 年、第二个 10 年和前 50 年的奋斗目标,从而具体化第三步战略部署。这样,就把第三步战略部署又具体地划分为一个新的"三步走"。党的十五届一中全会明确指出:"从新世纪开始,我国将进入全面建设小康社会,加快推进社会主义现代化的新的发展阶段。"2002 年 11 月,党的十六大正式提出要在本世纪头 20 年,集中力量,全面建设惠及十几亿人口的更高水平的小康社会,使经济更加发展、民主更加健全、科教更加进步、文化更加繁荣、社会更加和谐、人民生活更加殷实。2007 年 10 月,党的十七大提出了实现全面建设小康社会奋斗目标的新要求,在总体布局上,增加了社会建设的内容;在经济建设上,突出了"人均"概念,强调要实现人均国内生产总值比 2000 年翻两番;此外,还第一次提出了生态文明等概念。党的十八大与时俱进、审时度势,及时将"全面建设小康社会"上升到 2020 年"全面建成小康社会",强调实施全面深化改革、全面依法治国、全面从严治党三个战略举措,针对经济社会发展不平衡、不协调、不可持续的问题,立足于经济、政治、文化、社会、生态文明五位一体。在全面深化改革的新时期,面对改革发展呈现出新的阶段性特征,如何调整利益分配格局,进一步为人民谋福祉,使社会发展步入既保持发展效率，又体现社会公平的良性循环进程，是一个需要极其慎重的推进过程，也是一个难以回避或延缓的现实课题。为此，2015 年 2 月 27 日，在主持召开中央全面深化改革领导小组第十次会议上，习近平总书记强调，要科学统筹各项改革任务，推出一批能叫得响、立得住、群众认可的硬招实招，突破"中梗阻"，防止不作为，把改革方案的含金量充分展示出来，让人民群众有更多的获得感。2015 年 10 月，党的十八届五中全会提出，谋划"十三五"时期经济社会发展，必须确立新的发展理念，用新的发展理念引领发展行动；必须紧紧扭住全面建成小康社会存在的短板，在补齐短板上多用力；进一步解决人民群众普遍关心的就业、教育、社保、住房、医疗等民生问题，更加注重通过改善二次分配促进社会公平，明确精准扶贫、精准脱贫的政策举措，把更多的公共资源用于完善社会保障体系。

江苏省民生事业的发展，是深入贯彻中央的决策部署，适应经济社会发展的阶段性特征，深入实施民生幸福工程，让全省人民生活更加美好的过程。江苏省第十次党代会将原先的"强省富民"奋斗目标改为"富民强省"，要求"以富民强省、率先基本实现现代化总揽全局"，要求"在全省现代化建设的进程中，必须始终把'富民强省'放在核心的位置"。这一改变，体现了江苏实时根据经济发展动态制定合适的政策。2002 年底，江苏省委、省政府号召全省干部群众不断努力奋斗，贯彻落实好党的十六大提出的全面建设小康社会的战略部署，从而实现"富民强省，两个率先"的目标。2003 年，面对江苏 GDP 总量高而老百姓不够富的实际情况，江苏省委、省政府提出将"富民"放在突出位置上，首次明确将城市居民人均可支配收入达到 2000 美元、农村居民人均纯收入达到 1000 美元与人均 GDP 超

3000 美元相结合，作为全面小康的核心发展指标，从而真正把提高人民生活质量作为全面小康的核心内容。党的十六届三中全会提出树立全面、协调、可持续的科学发展观，江苏根据省情具体化为"四个优先"方针，以"富民优先"为首的科学发展观成为江苏经济社会发展的鲜明导向。2006 年，江苏省第十一次党代会进一步提出，"坚持把富民作为优先发展目标，加快提高江苏人民生活水平"。党的十六届四中全会提出了构建社会主义和谐社会，党的十七大明确了加快以改善民生为重点的社会建设，这使江苏进一步认识到富民优先就是要让发展成果由全体人民群众共享，实现普惠于民。在政策取向上，全面落实"学有所教，劳有所得，病有所医，老有所养，住有所居"的政策方针，不仅满足人民收入增加和物质富裕的需求，而且致力于满足人民对教育、就业、卫生和社会保障等公共服务和产品的需求；不仅强调人民物质生活水平的提高，而且开始关注人民的精神生活并促进人的全面发展，使民生的内涵比富民更丰富，使全面小康社会建设具备了更坚实的基础和明确的落脚点。2008 年 7 月，江苏省委、省政府颁布了《关于切实加强民生工作若干问题的决定》，努力让温暖守望着每一个贫困生成长，让零就业家庭至少有一人捧上稳定"饭碗"，让农村居民就医"小病不出村镇"，让新型农村养老保险制度惠及广大农民，让城市所有住房困难家庭"住有所居"，让城乡贫困家庭的基本生活有保障。2011 年，江苏省第十二次党代会提出，要大力实施民生幸福工程和社会管理创新工程，把加强社会建设、保障改善民生贯穿于"两个率先"全过程，努力建设人民安居乐业、社会和谐稳定的幸福江苏。2011 年 8 月 19 日，又在全国率先以省委省政府文件形式出台《关于大力推进民生幸福工程的意见》，把实施"居民收入倍增计划"作为最大的民生实事，以构建终身教育体系、就业服务体系、基本医药卫生体系、社会保障体系、住房保障体系、养老服务体系"六大体系"为保障，采取"系统化解决，制度化安排，长效化推进，项目化落实"的方式全面改善民生。2014年9月，江苏省委省政府准确把握民生工作新趋势新要求，出台《关于深入推进民生幸福工程的若干意见》。该意见注重体现改革精神，鲜明提出"加快民生领域改革步伐，使发展成果更多更公平惠及全体人民"，强调"全覆盖、保基本、多层次、可持续"，以改革为动力推动民生幸福工程不断深化和拓展。

当前，中国正处于中等收入水平阶段，仍处于可以大有作为的重要战略机遇期，面临着中等收入转型升级的陷阱，面临着全球新一轮科技革命和产业变革的重大机遇，同时也面临着诸多矛盾叠加、风险隐患增多的严峻挑战。江苏的经济社会发展也相应进入了新的历史阶段。从基本公共服务水平看，还存在诸如基本公共服务发展结构不平衡、服务质量不高、城乡养老保险待遇水平相差悬殊等方面问题，必须推进公共服务资源均衡配置；从人口结构变化看，江苏省人口老龄化主要具有基数大、增速快、空巢多、区域发展不平衡等特征，必须把养老服务放在更加重要的位置；从经济转轨和社会转型看，江苏将进入高风险时期，必须应对社会矛盾纠纷持续高、环境安全隐患带来的社会风险。只有认真落实江苏"五个迈上新台阶"的要求，紧紧围绕民生"七个更"的目标，进一步完善政策体系，采取有力举措，才能推进民生幸福建设迈上新台阶。

第二节　人民共享幸福是贯穿始终的价值追求

民生幸福是现代文明国家的根本宗旨，"人民创造历史"是中国共产党解决民生问题的哲学基础。中国共产党的民生思想，是在继承和借鉴前人优秀思想成果，并在实践中将马克思主义与中国国情结合起来的成功结晶。在马克思主义幸福理论的指导下，立足当前中国的社会生活现状，中国共产党把民生问题放在突出的位置，关注民生、重视民生、保障民生、改善民生，体现的正是我们党以民为本的执政理念，凸显的正是人民共享幸福的价值追求。

改革开放新的历史时期，邓小平把衡量一切工作得失成败的标准概括为"三个有利于"，即"是否有利于发展社会主义社会的生产力，是否有利于增强社会主义国家的综合国力，是否有利于提高人民生活水平"。"三个有利于"标准中"人民生活水平的提高"，是社会主义社会生产力发展的结果和根本目的，其实质是要求以人民根本利益作为衡量是非的最高标准和原则，集中体现了邓小平以人民利益为最高价值标准的民生观。以江泽民为代表的中国共产党人在世纪之交，创造性地提出了"三个代表"重要思想，始终把实现好、维护好、发展好最广大人民的根本利益作为全部工作的出发点和落脚点。以胡锦涛为总书记的党中央提出了科学发展观和构建社会主义和谐社会等一系列重大战略思想。科学发展观的核心是以人为本，"坚持以人为本，就是要以实现人的全面发展为目标，从人民群众的根本利益出发谋发展、促发展，不断满足人民群众日益增长的物质文化需要，切实保障人民群众的经济、政治和文化权益，让发展的成果惠及全体人民"。党的十八大以来，我国坚持把民生工作作为社会建设的根本任务，将广大人民群众凝聚到追求幸福中国的目标上来。在十二届全国人大一次会议上的讲话中，习近平总书记指出，中国梦归根到底是人民的梦，必须紧紧依靠人民来实现，必须不断为人民造福。要随时随刻倾听人民呼声、回应人民期待，保证人民平等参与、平等发展权利，维护社会公平正义，在学有所教、劳有所得、病有所医、老有所养、住有所居上持续取得新进展，不断实现好、维护好、发展好最广大人民根本利益，使发展成果更多更公平惠及全体人民，在经济社会不断发展的基础上，朝着共同富裕方向稳步前进。

在发展过程中和前进的道路上，社会中不断出现一系列矛盾和挑战，涌现出许多困难和复杂问题。比如：发展中不平衡、不协调、不可持续问题依然突出，科技创新能力不强，产业结构不合理，发展方式依然粗放，城乡区域发展差距和居民收入分配差距依然较大，社会矛盾依然突出，教育、就业、社会保障、医疗、住房、生态环境、食品药品安全、安全生产、社会治安、执法司法等关系群众切身利益的问题较多[1]，部分群众生活困难，形式主义、官僚主义、享乐主义和奢靡之风问题突出，一些领域消极腐败现象易发多发，反腐败斗争形势依然严峻，等等。解决这些问题，关键在于深化改革。[2] 在我国民生建设实践中，一方面，坚持以保障和改善民生为出发点和落脚点的经济发展，重点解决好人民群众关心的教育、就业、收入、社会保障、医疗卫生和食品安全等问题，让改革发展成果更多、更公平、更实在地惠及广大人民群众；另一方面，在全面深化改革的同时，将民生保障和经济发展相结合，保证人民平等参与和发展权利，维护社会公平正义，努力实现"中国梦"，凸显民生幸福建设目标内涵的一致性。就江苏而言，出台了关于实施城乡住户调查一体化改革以及民生幸福"六大体系"监测统计工作实施办法，确定了民生幸福"六大体系"监测统计的 6 大类 41 个指标，努力引导各地树立科学发展观和正确政绩观，把握工作重点，多办实事

---

① 在中国共产党第十八次全国代表大会上的报告，2012 年。
② 《十八大以来重要文献选编》，中央文献出版社 2014 年版，第 494—495 页。

好事,不断改善群众生活质量。

实践中,坚持人民共享幸福的价值追求不是抽象的,这是一个将中央"人人尽力参与和享有"的要求和"坚守底线、突出重点、完善制度、引导预期"的工作思路操作化、具体化的过程。要形成以保障基本生活为主的社会公平保障体系,就是要"守住底线",织牢民生安全网的"网底"。江苏2014年颁布《江苏省社会救助办法》,提出建立以社会力量参与作为补充的社会救助制度体系,编织了一张民生托底保障的安全网。"突出重点"就是要对重点群体和重点地区投入更多的关注。无论是对于全国来说,还是对于江苏来讲,发展的梯度特征明显,区域之间、群体之间收入水平以及公共服务存在一定的差异。只有突出重点地区、重点群体,优先解决民生领域关键问题,以点带面、以一般带全局,才能增强民生工作的针对性和实效性。作为全国较早进入老龄化社会和全国老龄化程度较高的省份之一,截至2014年底,全省60周岁以上老年人,共计1579.23万,占户籍人口总数的20.57%,总人数呈现出基数大、增速快、寿龄高等特点。面对快速的人口老龄化,江苏将发挥政府主导作用和市场在养老服务资源配置中的决定性作用结合起来,全省共建成社区居家养老服务中心近2万个;实现城市社区居家养老和养老服务中心全覆盖;农村居家和社区养老服务覆盖率在苏南为71%、苏中为63%、苏北为55%。"完善制度"就是要形成系统全面的制度保障,解决民生问题以及社会普遍关心、与民生息息相关的社会公平正义问题,离不开制度规范的有力保障。江苏省不断完善解决民生问题的制度安排,有步骤、有计划地推动城镇居民社会保障项目向农村居民延伸,实现农村居民社会保障项目与城镇相关社会保障项目对接,推进基本养老保险、基本医疗保险、社会救助以及社会福利城乡一体化。其中,关于失地农民的社会保障问题,应按照"即征即保、应保尽保、分类施保、逐步提高"的原则,推进新增被征地农民刚性进保,逐步消化解决历史遗留问题;一些有条件的地方积极稳妥推进城乡低保标准统筹。"引导预期",就是要促进形成良好舆论氛围和社会预期。民生工作面广量大头绪多,花钱的地方多、老百姓关注度高,江苏既积极作为又量力而行,既政府尽责又鼓励社会积极参与,不仅改善人民物质生活的条件,而且提升人民的精神生活,培育社会乐观、理性和积极进取的心态,使全社会获得感知、追求和成就幸福的能力,努力形成人人创造幸福、共建共享幸福江苏的良好氛围。当然,要保持民生幸福工作的稳定性和连续性,避免开空头支票、防止虎头蛇尾,真正使人民共享幸福的价值追求转化为广大老百姓对幸福的切身感受。

第三节　从解决人民最关心最直接最现实的利益问题做起

坚持人民主体的地位,从着力解决人民最关心最直接最现实的利益问题做起,是中国共产党宗旨和性质的具体体现。中国共产党的根本宗旨是全心全意为人民服务,除了最广大人民的根本利益,党没有自己的特殊利益。当前摆在我们面前最迫切的任务就是解决人民最关心最直接最现实的利益问题。

现阶段,我们党能否凝聚全体人民的力量共同建成小康社会取决于能否满足群众的具体利益要求,而满足群众的具体利益要求的有效途径就是解决人民群众最关心最直接最现实的利益问题。当前,人民群众关注的热点问题包括教育、就业、社会保障、收入分配、医疗卫生、住房、环境等与群众切身利益相关的问题,这些问题也是民生幸福工程的重要切入点。江苏从每个体系的自身规律和发展特征出发,加强分类指导,突出工作重点,分清轻重缓急,有计划、有步骤地推进六大体系建设。在终身教育体系建设方面,江苏加快推进教育管理思路的转变,即由关注学生学习成绩向关注学生身心发展转变,由关注户籍居民教育权利向关注区域内全体居民教育权利转变,由单靠教育行政部门管理教育向全社会都来关心支持教育转变,在全面实施素质教育中既坚持"上水平",又重视"保基本",尤其是对减轻中小学生的负担、保障进城务工人员随迁子女平等受教育的权利、健全帮困助学体系和促进高校毕业生就业等教育民生难题进行综合施策。在就业体系建设方面,江苏近年来大力实施就业优先的战略,制定并实施积极的就业政策,坚持以经济发展带动就业,大力培育和发展人力资源市场,改善和加强职业培训与就业服务,加快就业立法步伐;以构建众创空间作为突破口,以激发全社会创新创业活力为主线,大力实施"创业江苏"的行动计划,重点推进"六大行动",包括建设众创空间、培育创业主体、孵化创业企业、建设投融资体系、提升创业服务和营造创业文化;加快形成开放、高效、富有活力的创新创业生态系统,为推进转型升级、增进民生幸福提供新动能。在收入分配体系建设方面,江苏省不断拓宽收入增长路径,优化收入构成,加大整体帮扶力度,针对增加农民收入的实际,一方面,更加突出"强基础"就是向科技要产出、向规模要效益、向改革要红利;另一方面,更加突出"拓渠道",优化结构增收入,多源创收添"活水"。江苏省通过加强职业技能培训、推进公共就业服务均等化及改善进城务工农民就业环境,加快农村劳动力向二三产业和城镇转移就业。在医疗卫生体系建设方面,江苏自 2009 年起深化医疗卫生体制综合改革,已建立"三基本一救助"的基本医疗保障体系，即城镇职工医保、城镇居民医保、新型农村合作医疗和城乡居民医疗救助制度。在住房保障体系建设方面，从体制机制层面着手，解决住房保障问题，全面实现城镇收入中等偏下且住房困难家庭的住房有保障，城镇新就业人员和外来务工者租房能够得到支持，各类棚户和危旧房片区能够全部得到改造。在生态文明和人文环境建设方面，江苏通过积极保护自然保护区、有效治理水环境、努力改善大气环境、加强防治和保护近岸海域的生态环境、重抓生态文明工程以及发展绿色经济来打造自然环境之美；通过构建城乡产业融合的生产新环境和城乡空间一体化的生活新环境，增强城乡对接的基础设施环境和推进城乡均等化的公共服务环境，打造城乡协调之美。经过多年的努力，江苏民生工作整体稳步推进，水平逐年提高，人民群众的许多利益问题已得到解决，但是民生建设中仍然存在相对落后地区和低收入人口等薄弱环节。农村民生问题始终应是江苏省关注的焦点。尤其在经济新常态下，我们应看到保障和改善农村民生的任务艰巨。这些正是当前和今后一个时期江苏需要着力解决的民生问题。

　　未来在解决人民群众的利益问题时，应注意更好地找到平衡点和结合点。对于发展经济与改善民生的关系，既要坚持以经济建设为中心，把解放和发展社会生产力作为根本任务，不断解放思想、改革创新，推动经济又好又快发展，为改善民生奠定物质基础，又要贯彻以人为本的执政理念，认识解决民生问题的重要性，加大基本公共服务的供给力度，使经济社会的发展成果，更多地在改善民生和发展民生事业中体现，不断地调动人民群众的积极性、主动性和创造性，从而推动经济持续向前发展。在政府主导与社会参与的关系上，既在立法、规划、政策、投入、监管等方面发挥政府主导作用，进一步明确各级政府的基本公共服务事权和支出责任,建立和健全地方政府为主、统一与分级相结合的公共服务管理体制,不断增强政府对公共产品和公共服务的供给能力;又让各类市场主体和社会组织在社会服务事业的发展中担当更重要的角色,建立公共服务供给的社会参与机制,形成参与多元化和公平竞争的格局,同时降低服务成本并提高服务的质量和效率。在立足当前与着眼长远的关系上,既从群众急需解决而又办得到的事情做起,找准切入点,一步一个脚印地做好工作,力求实事承诺一件,办成办好一件,更要着眼于长远发展,按照完善体系的框架来设计实事项目,制定相关政策,完善财政保障、管理运行和监督问责机制,提高公共服务共建能力和共享水平,努力使人民得到长久持续和越来越多的实惠。

第四节　不断完善民生幸福治理体系

　　幸福和福祉是全世界人民不懈追求的普遍目标和期望。民生幸福既是经济发展的目的,又是社会和谐的基础,更是中国梦的本质内涵——人民幸福的集中体现。民生是一个不断发展变化的概念,在各个历史时期的各个发展阶段,民生的内涵都是有所不同的。幸福指数体现的是一般人或特定的社会群体在一定时期内对生活质量主观感受的变化程度,是一种社会事实。美国经济学家萨缪尔森认为,幸福与效用成正比,即幸福等于效用与欲望的比值。澳大利亚心理学家库克教授则提出了个人幸福指数和国家幸福指数两种形式。与人民对美好生活的向往相适应,民生幸福建设体系不是封闭的,是一个依据现有的实际情况不断丰富其内涵的体系;民生幸福建设体系也不是片面的、单一的,不是简简单单地强调国民生产总值

（GNP）或国内生产总值（GDP），而是以追求国民幸福总值（GNH）的最大化和均衡化为发展目标，注重经济增长、社会发展、科技进步、资源环境、人民生活等多方面结合起来的综合成效。

江苏省大力实施和推进民生幸福工程，并将其作为了解民众情绪波动和变化的"晴雨表"、发展目标实现程度的重要"指示灯"以及推进全面小康和现代化建设的"硬指标"。江苏拟定的发展指标体系中，已经设置包括群众满意度在内的总体评价，将群众主观幸福感摆上了重要位置，并且将许多与民生幸福有关的方面都纳入指标体系。人民生活类指标主要包括居民收入水平、人均预期寿命、每千人国际互联网用户数、居民住房水平、基本社会保障、每千人拥有医生数、公共交通服务水平等 7 项共 14 个二级指标；社会发展类指标主要包括人力资源水平、劳动年龄人口平均受教育年限、基尼系数、党风廉政建设满意度、法治和平安建设水平、和谐社区建设水平、人均拥有公共文化体育设施面积等 7 项共 10 个二级指标；而生态环境方面的指标则主要包括村庄环境整治达标率等。其中，为突出缩小城乡发展差距和夯实基层基础的要求，居民收入水平、居民住房水平、基本社会保障、公共交通服务水平等指标都将城镇与农村分开，分别将他们设为两个不同的子指标，并分别赋予不同的目标值，体现并实现了城乡基本公共服务、基层基础建设均等。这其中直接关系关于民生幸福的指标计 16 项，占指标总数的一半以上，并赋予了较高权重，充分反映了人民群众对于提高物质文化生活水平的强烈期盼，并鲜明体现了人民群众共享现代化建设成果的导向。

在全面建成小康社会的新征程中，江苏还需按照民生建设上新台阶的要求，以有效实施民生幸福工程为基础，进一步完善终身教育体系,促进教育公平,办好公平普惠、优质多样、充满活力、具有现代化特征的一流教育,让江苏人民有"更好的教育";构建更加完善的就业服务体系,深入实施大学生就业促进和创业引领"两大计划",促进更加充分、更高质量就业,让江苏人民有"更稳定的工作";突出提高职工工资性收入主体,攻克农民收入增长难点,拉长居民财产性收入"短板",抓住收入分配制度改革关键,通过努力逐步地缩小贫富差距,让江苏人民能够获得"更满意的收入";加速建成与社会经济发展水平相适应、基本保障全面覆盖、补充保障协调发展、托底保障更加有效的社会保障体系,让江苏人民能够获得"更可靠的社会保障";坚持促进医疗卫生事业发展与深化医药卫生体制改革紧密结合,大胆探索实践,走出符合中国国情并具有江苏特色的医改路子,让江苏人民享有"更高水平的医疗卫生服务";完善住房供应体系、进行规划设计、提升建设质量,形成完善的住房保障体系,让江苏人民有"更舒适的居住条件";坚持绿色可持续发展,深入实施生态文明建设工程,全力打造自然环境之美、文化交融之美、景观特色之美、社会和谐之美、城乡协调之美,让江苏人民能够拥有"更优美的环境"。

追求幸福是一个不断发展变化的过程,必须置于治理能力和治理体系现代化的背景下,不断发展和完善民生幸福治理体系。因此,需要进一步解放思想、解放和发展社会生产力、解放和增强社会活力,江苏省需要进一步理顺政府与市场、政府与社会以及政府层级间的关系,加快构建并完善政府、市场分工合理,社会权界清晰,运转高效,法治保障的多中心、多元化的合作治理模式。要更充分地发挥政府作用。进一步明确政府权责界限,推动政府职能向提供优质服务、创造良好社会发展环境、维护社会公平正义转变,强化江苏省各级政府在公共服务、社会治理以及环境保护等方面的职责，减少对社会运行的直接干预，落实社会管理和监管职能，并不断提升社会治理和公共服务能力。要更好地实现社会协同治理，创新社会组织培育和扶持机制，推进公共服务提供方式多样化和非基本公共服务提供主体多元化，积极推动建立政府调控机制同社会协同机制互联、政府行政功能同社会自治功能互补、政府管理力量与社会调解力量互动的社会协同治理网络。要更充分地发挥人民在民生建设中的主体作用，引导他们依靠自己的辛勤劳动来创造幸福，引导他们在基本的物质生活需求得到满足的同时积极主动地追求精神层面的生活价值，切实发挥人民的主动性、积极性、创造性。在探索走幸福共享之路过程中，各个方面都要克服和防止不良倾向，相互协作、共同努力。政府既要认识到造福于民是基本职责，防止"恩赐幸福"的倾向，又要反对降低幸福的物质和文化生活标准，防止把幸福的主观感受强加给群众，让群众"被幸福"；人民群众既要防止过度依靠政府主导的依赖心理，又要防止追求不切实际的浮躁心态和盲目攀比的心态，真正以科学的民生治理、系统的民生制度、积极的民生心态构建民生幸福治理体系，使得广大人民群众在共建共享中能够提升获得感和幸福感。

结　语
以科学的思维方式推进民生幸福共建共享

　　民生优先,幸福为本。幸福共享是时代的最强音,源于人民共治,成于人民共建;幸福共享是理想的新生活,体现着多元互动的大循环,传递着共享发展的正能量。未来的江苏,必须在共享发展理念的指导下深入贯彻落实"坚守底线、突出重点、完善制度、引导预期"的战略思想,统筹就业、教育、社会保障、收入分配、医药卫生、食品安全、住房、安全生产等各方面工作,以科学的思维方式大力推进江苏民生建设迈上新台阶,构建适度普惠的江苏民生幸福建设体系,走向幸福共享。

　　第一,坚持战略思维,胸怀大局,全面推进。战略思维要求江苏高瞻远瞩、总览全局,善于把握事物发展的总体方向和趋势。党的十八大以来,以习近平为总书记的党中央接过历史的接力棒,以历史唯物主义和辩证唯物主义为战略导向,以坚持发展中国特色社会主义为战略主题,以实现中华民族伟大复兴的中国梦为战略目标,以和平发展与当代中国对外关系的战略谋划为战略抉择,以全心全意为人民服务为战略取向,对坚持和发展中国特色社会主义事业进行了全面的战略决策、战略谋划、战略思考和战略部署,并逐步形成了"四个全面"的战略布局。作为"四个全面"战略布局之一,全面建成小康社会是当代中国发展建设的总目标,统领着中国经济、政治、文化、社会和生态文明等各个方面的协调全面可持续发展。全面建成小康社会，其中最关键的就是"人"的幸福，"能否让老百姓过上好日子是检验我们一切工作的出发点和落脚点"，也是检验全面建成小康社会目标成效的重要标准。全面建成小康社会尤其要注重"全面"。"全面"是指不分地域的、不让一个人掉队的全面小康，既要求快速提高人民群众的物质生活水平，又要求大力促进经济、文化、社会和生态文明等各方面全面协调可持续发展和人的全面发展。在全面建成小康社会进程中推进民生幸福共建共享，我们必须"善于观大势、谋大事"，学在深处，以深厚的理论修养和功底提升自身的战略思维；谋在深处，以自我革新的胸襟和勇气拓展自身战略思维；干在实处，以"钉钉子"的精神和"走在前列"的追求实践战略思维。

第二，坚持底线思维，脚踏实地有序推进。毛泽东指出："不论任何工作，我们都要从最坏的可能性来想，来部署"。邓小平提出："我们要把工作的基点放在出现较大的风险上，准备好对策"。习近平多次强调："要善于运用'底线思维'的方法，凡事从坏处准备，努力争取最好的结果，这样才能有备无患、遇事不慌、牢牢把握主动权。"坚持底线思维，其实质就是侧重于从基本、基础、核心乃至坏的方面进行思考，强调守住底线，重视和防范潜在危机，堵塞管理漏洞，防止社会出现激烈性动荡。具体来说，在民生幸福共建共享中运用底线思维，强化居安思危意识，在承认资源和个人禀赋差异的前提下，理性划定与经济社会发展水平相适应的收入分配格局和社会保障水平，满足人民群众的基本需求；以摆脱贫困为底线，注重维护弱势群体的基本生活，织紧织密覆盖全体城乡居民的基本生活"安全网"，解决好最基本的民生问题，把社会各个阶层生存、生活、生计的底线兜住兜好，保证每个社会成员生活都有基本保障。特别是重视转移支付政策在缩小区域性民生公平正义差距中的作用,把新增财力向困难群众、向农村、向基层、向社会事业倾斜。

第三,坚持辩证思维,以点带面系统推进。辩证思维非常强调承认矛盾、分析矛盾、解决矛盾,善于抓住关键、找准重点、洞察事物的发展规律,防止走向极端。马克思主义唯物辩证法是辩证思维方法论的哲学基础,辩证思维方法论是唯物辩证法在具体问题分析中的现实运用。在民生幸福共建共享中提高运用辩证法的能力,就是坚持客观性原则,运用历史的观点,把历史目的性与现实操作性结合起来,把人民生活的改善作为正确处理改革发展稳定三者之间关系的结合点,从实际出发来制定政策和推动工作;运用总体的观点,正确处理经济发展和民生改善的关系,实现经济发展和民生改善良性循环;运用对立统一观点,学习掌握事物矛盾运动的基本原理,不断强化问题意识,统筹谋划民生幸福建设各个方面、各个层次、各个要素,积极面对和化解前进中遇到的困难,不断提高自身驾驭复杂局面和处理复杂民生问题的本领;运用实践第一的观点,不断推进和发展民生幸福实践基础上的理论创新。

第四,坚持法治思维,完善制度稳步推进。依法治国已经成为治国理政的基本方式,法治思维是主体以法治的基本内涵为约束和指引,正确运用法律方法想问题、作决策、办事情的思维方式,要求各主体遵循法律规则和法律程序,尊重保护人权。要站在发展和完善中国特色主义社会制度、推进国家治理能力和治理体系现代化的高度,着力在民生幸福共建共享中以法治思维引领民生幸福建设,尊重规则,着力解决地区差异大、制度碎片化问题,不断完善制度体系,逐步提高保障水平,实现良性循环和可持续发展,努力避免落入"民生陷阱";以法治方式着力推进民生幸福建设,正确处理眼前利益与长远利益、个人利益和公共利益、局部利益与整体利益的关系,在政策设计上努力实现城乡公平,在资源分配上努力实现群体公平,保障最广大人民群众的根本利益;着力以法治形式保障民生幸福建设,规范民生工作程序,加强政府层级之间、部门之间业务协同、流程对接以及治理机制的融合,强化权力监督,依法维护我国公民的合法权益,实现全体人民共享改革发展成果。

第五,坚持互联网思维,集合民意民主推进。随着网络技术的迅猛发展和互联网在我国的快速普及,网络已经在社会生活中扮演着越来越重要的角色。互联网要求人们用新的方式去思考、分析、解决身边的问题,要求人们积极利用新媒体搭建互动平台,实现平等表达和及时沟通。从中央到地方政府,开通了网上信访、政务微博微信、网上民意调查等网络平台,普遍表现出了成本低、互动性大、反馈快和自由度高等特点。未来需要进一步加强和提高民生网络问政水平,建立网络问政长效机制,倾听网络民意,努力营造文明健康、积极向上的网络文化氛围。在民生的舆论引导方面,贴近生活、贴近实际、贴近群众,让老百姓说自己的话,切实增强赢得民心和适应民意的能力。加大对实施民生幸福工程的宣传力度,发挥实施民生幸福工程的典型示范作用,加强网上民生思想文化阵地建设,构建"互联网＋民生幸福建设"模式,实现线上线下民生建设有机融合,不断传递正能量,提升幸福感。

改善民生永无止境,增进幸福无悔追梦。民生幸福能够最大化地实现中国特色社会主义最高价值目标。在全面建成小康社会的历史进程中,必须坚持和保证人民的主体地位,把保障和改善民生作为一切工作的出发点和落脚点;在未来的现代化建设中，必须以民生幸福作为第一导向和检验标准。民生建设永远在路上，追求幸福将永远与实现中华民族伟大复兴的中国梦同在！民生中国，幸福中国，期待着一代代中华儿女共建共享！

参考文献

一、著作类

1.《习近平谈治国理政》,外文出版社 2014 年版。

2.《之江新语》,浙江人民出版社 2007 年版。

3.《干在实处,走在前列:推进浙江新发展的思考与实践》,中共中央党校出版社 2006 年版。

4.《习近平关于实现中华民族伟大复兴的中国梦论述摘编》,中央文献出版社 2013 年版。

5.《十八大以来重要文献选编》(上),中央文献出版社 2014 年版。

6.《十八大报告辅导读本》,人民出版社 2012 年版。

7. 罗建文:《社会发展理念与民生幸福研究》,中国社会科学出版社 2012 年版。

8. 李一宁、邱志强:《民生幸福工程读本》,江苏人民出版社 2013 年版。

9. 张颢瀚、刘德海:《民生建设迈上新台阶》,江苏人民出版社 2015 年版。

10. 梁勇、叶南客:《文化建设迈上新台阶》,江苏人民出版社 2015 年版。

11. 邢占军:《测量幸福:主观幸福感测量研究》,人民出版社 2005 年版。

12. 刘电芝、疏德明:《走进幸福:农民工城市融入与主观幸福感研究》,苏州大学出版社 2012 年版。

13. 邢占军、刘相:《城市幸福感:来自六个省会城市的幸福指数报告》,社会科学文献出版社 2008 年版。

14. 周长城:《全面小康:生活质量与测量》,社会科学文献出版社 2003 年版。

二、文件报告类

1.《坚定不移沿着中国特色社会主义道路前进 为全面建成小康社会而奋斗》,在中国共产党第十八次全国代表大会上的报告,2012 年 11 月 8 日。

2.《中共中央关于全面深化改革若干重大问题的决定》,2013 年 11 月。

3.《中共中央关于全面推进依法治国若干重大问题的决定》,2014 年 10 月。

4.《中共中央关于制定国民经济和社会发展第十三个五年规划的建议》,2015 年 10 月。

5.《中共江苏省委江苏省人民政府关于大力推进民生幸福工程的意见》(苏发〔2011〕22 号)。

6.《中共江苏省委江苏省人民政府关于实施居民收入倍增计划的意见》(苏发〔2011〕14 号)。

三、中文文献类

1. 张凡、罗屿:《2020 小康国家路线图》,《小康》2012 年第 12 期。

2. 胡俊:《公共财政支出对民生幸福指数的影响及其效益分析——基于云南省数据的实证研究》,学位论文,云南财经大学,2012 年。

3. 张翼:《从"小康社会"到"中国梦"——邓小平"小康社会"理论对中国社会发展的影响》,《湖北社会科学》2014 年第 11 期。

4. 周蜀秦:《现代化视野下的"全面建设小康社会"》,学位论文,南京师范大学,2006 年。

5. 彭杰:《胡锦涛公平正义思想研究》,学位论文,长沙理工大学,2011 年。

6. 吴少进:《马克思恩格斯民生思想及其在中国的运用和发展》,学位论文,安徽大学,2012 年。

7. 陈岱云:《总体上的小康与全面建设的小康辨析》,《山东省青年管理干部学院学报》2003 年第 1 期。

8. 王永平:《贵州农村建设全面小康社会目标与实现途径研究》,学位论文,西南大学,2005 年。

9. 张维功:《邓小平小康社会构想及其发展》,《党史文苑(学术版)》2013 年第 6 期。

10. 陈研:《中华民族精神:全面建设小康社会的精神动力》,学位论文,大连理工大学,2004 年。

11. 杨海娣:《科学发展观的创立及意义》,学位论文,黑龙江大学,2008 年。

12. 张磊:《深刻领会科学发展观的科学内涵、精神实质、根本要求》,《中共珠海市委党校珠海市行政学院学报》2008 年第 5 期。

13. 崔艳华:《胡锦涛社会主义和谐社会思想研究》,学位论文,南昌大学,2008 年。

14. 刘燕屏:《准确把握小康战略的新要求与全面提升小康水平》,《中共云南省委党校学报》2013 年第 6 期。

15. 魏金玲:《全面建设小康社会的标准及发展趋势》,《赤子》2013 年第 11 期。

16. 李丽瑶:《科学发展观的哲学思考》,学位论文,黑龙江大学,2008 年。

17. 李东坡:《建设农村全面小康社会的指标体系及评价方法研究》,学位论文,河北农业大学,2004 年。

18. 杨清平:《中国共产党科学发展观的形成与发展探析》,学位论文,东北师范大学,2008 年。

19. 韩明月:《小康社会的实质内涵探析》,《边疆经济与文化》2005 年第 2 期。

20. 徐小兰:《小康理想的千年追求》,《东方企业文化》2014 年第 16 期。

21. 吴向伟:《试论全面建设小康社会的奋斗目标》,《南京航空航天大学学报(社会科学版)》2004 年第 1 期。

22. 苏锐:《中国特色社会主义理论体系基本问题研究》,学位论文,河北大学,2010 年。

23. 杨新星:《对中国特色社会主义理论体系的几点思考》,《商情》2010 年第 36 期。

24.《五个问题带你读懂"全面小康"》,《理论导报》2015 年第 3 期。

25. 彭留英:《中国全面小康社会建设分县评价与情景分析》,学位论文,山东师范大学,2004 年。

26. 廖章庭:《论江泽民的理论贡献:全面建设小康社会》,《漳州师范学院学报(哲学社会科学版)》2003 年第 1 期。

27. 曾一石:《中国共产党与中国梦愿景》,《福建党史月刊》

2013 年第 24 期。

28. 肖徐波:《论邓小平小康社会思想及其发展》,学位论文,华中师范大学,2004 年。

29. 刘晓滨:《从总体小康到全面小康:中国式现代化的路径选择》,《西安邮电学院学报》2004 年第 3 期。

30. 甘丽陈旭:《试析江泽民同志对邓小平小康社会理论的发展》,《毛泽东思想研究》2003 年第 6 期。

31. 周结友:《全面小康社会多元化全民健身服务体系内涵、框架及其构建对策的研究》,学位论文,广州体育学院,2005 年。

32. 邢菲:《山东农村全面小康社会建设研究》,学位论文,山东财经大学,2010 年。

33. 陈怡群:《上海文化市场管理面临的形势、问题和对策研究》,学位论文,上海交通大学,2008 年。

34. 郑琳琳:《论科学发展观对马克思主义的重大贡献和发展》,《辽宁行政学院学报》2010 年第 5 期。

35. 文芳玲:《全面建设小康社会的内涵及其重大意义》,《理论观察》2003 年第 3 期。

36. 黄昕:《论全面建设小康社会与人的全面发展双向互动》,学位论文,华中师范大学,2004 年。

37. 邱兴平:《我国贫困地区农民的反贫困与全面小康建设问题研究》,学位论文,华中农业大学,2007 年。

38. 葛信勇:《重庆市山区农村科教兴农问题研究》,学位论文,西南大学,2004 年。

39. 黄莉新:《认真学习贯彻习总书记重要讲话精神　为建设经济强、百姓富、环境美、社会文明程度高的新江苏作出更大贡献》,《江南论闻》2015 年第 1 期。

40. 张胜军:《论在全面建设小康社会中促进人的全面发展》,学位论文,重庆交通大学,2011 年。

41. 谢永萍:《如何理解全面建设小康社会》,《喀什师范学院学报》2003 年第 4 期。

42. 王宏、宁志高、王成琛:《试析全面建设小康社会的内涵》,《山东文学(下半月)》2008 年第 5 期。

43. 朱人求:《小康社会的文化诠释》,《中共福建省委党校学报》2004 年第 9 期。

44. 王兵:《传统小康社会思想与全面建设小康社会》,学位论文,东南大学,2004 年。

45. 曹延莉:《以科学发展观构建社会主义和谐社会》,《理论界》2009 年第 8 期。

46. 罗志军:《扎扎实实推进苏北全面小康建设》,《人民论坛》2015 年第 9 期。

47. 李世光:《科学发展观的哲学思考》,学位论文,内蒙古大学,2011 年。

48. 杨晶石:《从总体小康到全面小康中国式现代化的必经之路》,学位论文,哈尔滨理工大学,2007 年。

49. 湖南少数民族地区小康建设研究课题组:《总体小康与全面小康》,《民族论坛》2004 年第 6 期。

50. 冯鹰:《新世纪以来江苏民生建设刍议》,《唯实》2012 年第 1 期。

51. 陈茵:《加快社会建设突破民生困局》,《中共山西省直机关党校学报》2013 年第 4 期。

52. 侯祥鹏:《新型城镇化背景下推进基本公共服务探析——以江苏为例》,《现代经济探讨》2014 年第 11 期。

53. 车峰:《我国公共服务领域政府与 NGO 合作机制研

究》，学位论文，中央民族大学，2012年。

54. 刘新宇：《民生视角下公共服务供给与城乡均等化的经济效用分析——以重庆为样本》，学位论文，重庆大学，2013年。

55.《加快推进以改善民生为重点的社会建设》，《求实》2009年第2期。

56. 曾智：《统筹城乡视野下基本公共卫生服务均等化研究——以成都市龙泉驿区为例》，学位论文，西南交通大学，2011年。

57. 闫凤茹、梁玉、梁维萍、郑建中：《我国基本公共卫生服务均等化的提出背景与内涵分析》，《卫生软科学》2012年第1期。

58. 刘德吉：《公共服务均等化的理念、制度因素及实现路径：文献综述》，《上海经济研究》2008年第4期。

59. 黄侃：《民族地区基本公共服务均等化问题研究——基于地区差别视角的比较分析》，学位论文，中央民族大学，2010年。

60. 李晓莎：《区域间基本公共服务均等化实证研究》，学位论文，对外经济贸易大学，2009年。

61. 冷波、郜志刚：《新时期中国共产党促进社会公平正义的着力方向》，《党史文苑（学术版）》2013年第4期。

62. 戴武堂：《居民收入倍增目标探析》，《创新》2012年第6期。

63. 冯鹰：《新世纪以来江苏民生建设刍议》，《唯实》2012年第1期。

64. 陈茵：《加快转变发展方式着力突破民生困局》，《中共珠海市委党校珠海市行政学院学报》2011年第1期。

65. 孙恬：《构建和谐社会进程中哈尔滨市社区党建研究》，

学位论文,哈尔滨理工大学,2008 年。

66.《在改善民生和创新管理中加强社会建设》,《人才资源开发》2012 年第 12 期。

67. 陶田田:《民族地区基本公共服务均等化实证研究》,学位论文,中央民族大学,2012 年。

68. 尹文嘉、李飞:《马克思的公平观对公共服务均等化的指导意义》,《经济与社会发展》2009 年第 5 期。

69. 冯艳:《建国以来中国共产党对社会主义总体布局认识的历史考察》,学位论文,复旦大学,2009 年。

70. 孟颖颖:《改革与跃变:社会保障制度公平可持续发展的中国实践》,《社会保障研究》2014 年第 6 期。

71. 曾国安、杨宁:《农民工住房政策的演进与思考》,《中国房地产(学术版)》2014 年第 10 期。

72. 张崇和:《积极稳妥推进改革大力促进公益事业发展》,《行政管理改革》2012 年第 5 期。

73. 张琳:《完善覆盖城乡居民的基本公共服务研究》,学位论文,河南农业大学,2013 年。

74. 陈遐:《城镇基本公共服务覆盖常住人口的财政保障研究》,学位论文,华中师范大学,2014 年。

75. 张崇和:《积极稳妥分类推进事业单位改革》,《中国机构改革与管理》2012 年第 1 期。

76. 李有发:《民生需求及其结构:一个社会学视角的理论分析》,《甘肃社会科学》2014 年第 5 期。

77. 范兴明:《云南省构建城乡社会保障一体化的对策研究》,学位论文,云南财经大学,2014 年。

78. 曾国安、满一兴:《如何深化城镇住房保障制度和住房制度改革》,《湘潭大学学报(哲学社会科学版)》2014 年第 3 期。

79. 赵海峰:《基本服务均等化视角下基层政府落实改善民生政策的几个问题》,《老区建设》2014 年第 2 期。

80. 王保安:《创新政策完善制度大力支持分类推进事业单位改革》,《中国机构改革与管理》2012 年第 1 期。

81. 李华:《江苏公共文化服务体系建设现状及对策》,《社科纵横》2013 年第 8 期。

82. 许敏:《中国特色社会保障理论的形成与发展》,学位论文,聊城大学,2010 年。

83. 周凤霞:《关于构建社会主义和谐社会的思考》,学位论文,内蒙古大学,2008 年。

84. 熊蕾:《我国社会养老保障的伦理问题研究》,学位论文,浙江农林大学,2012 年。

85.《关于着力保障和改善民生的重要论述》,《职业技术》2014 年第 2 期。

86.《第 1 章总纲》,《职业技术教育》2014 年第 30 期。

87. 乌日庆:《卫生事业单位体制改革问题研究——以鄂尔多斯市公立医院为例》,学位论文,内蒙古大学,2013 年。

88. 崔艳华:《胡锦涛社会主义和谐社会思想研究》,学位论文,南昌大学,2008 年。

89. 王春光:《统筹城乡医疗保障制度的新思考》,《农学学报》2015 年第 2 期。

90. 刘敏:《站在新起点绘就新蓝图》,《企业家天地(中旬刊)》2013 年第 1 期。

91. 刘莹:《事业单位分类改革问题研究》,学位论文,山东大学,2012 年。

92. 孙才洋:《江苏社会福利事业发展的实践和思考》,《社会福利(理论版)》2012 年第 11 期。

93. 孙宏健:《试论构建社会主义和谐社会的关键——以坚持"五个统一"的思想为视角》,《长江师范学院学报》2008 年第6 期。

94. 张隽:《贵州省事业单位分类改革问题研究》,学位论文,天津大学,2012 年。

95. 李颖华:《我国城乡居民社会养老保险制度公平性研究》,学位论文,河南大学,2014 年。

96. 陈少英:《论地方政府保障民生的财政支出责任》,《社会科学》2012 年第 2 期。

97. 吴志鹏:《城乡一体化进程中基本公共服务均等化问题研究》,学位论文,上海师范大学,2009 年。

98.《中国劳动关系学院学报》编辑部:《贯彻落实党的十八大精神推动工会工作跃上新台阶》,《中国劳动关系学院学报》2012 年第 6 期。

99. 杨丽莎:《农村社会养老保险制度国际比较及借鉴》,学位论文,河北经贸大学,2013 年。

100. 王利军、龚文海:《河南省建立覆盖城乡社会保障体系的基本条件及对策分析》,《人才资源开发》2013 年第 6 期。

101. 罗楚亮:《绝对收入、相对收入与主观幸福感——来自中国城乡住户调查数据的经验分析》,《财经研究》2009 年第11 期。

102. 吴丽民、陈惠雄:《收入增长与幸福指数演化——基于浙江的实证分析》,《现代经济探讨》2009 年第 6 期。

103. 朱建芳、杨晓兰:《 中国转型期收入与幸福的实证研究》,《统计研究》2009 年第 4 期。

104. 鲁元平、王韬:《 收入不平等、社会犯罪与国民幸福感——来自中国的经验证据》,《经济学》2010 年第 4 期。

105. 官皓:《收入对幸福感的影响研究:绝对水平和相对地位》,《南开经济研究》2010 年第 5 期。

106. 朱成:《浅析农村居民收入满意度与幸福度的相关性》,《经济视角》2008 年第 9 期。

107. 唐东波、李巧玲、刘颖:《收入满足度与生活幸福度的相关性研究》,《统计与决策》2008 年第 21 期。

108. 冯立天:《中国人口生活质量与国际比较》,《人口学刊》1995 年第 6 期。

109. 曹大宇:《我国居民收入与幸福感关系的研究》,华中科技大学博士论文,2009 年。

110. 任海燕:《经济学视角下的中国幸福研究——以国外幸福经济学发展为参照》,华中师范大学博士论文,2012 年。

111. 鲁元平:《中国"幸福—收入之谜"的作用机制研究》,华中科技大学博士论文,2012 年。

112. 潘春阳:《中国的机会不平等与居民幸福感研究》,复旦大学博士论文,2011 年。

113. 裴志军:《家庭社会资本、相对收入与主观幸福感:一个浙西农村的实证研究》,《农业经济问题》2010 年第 7 期。

114. 温晓亮、米健、朱立志:《1990—2007 年中国居民主观幸福感的影响因素研究》,《财贸研究》2011 年第 3 期。

115. 乔洪武、沈昊驹:《恩斯特·费尔对经济伦理研究方法的贡献——潜在诺贝尔经济学奖得主学术贡献评介系列》,《经济学动态》2011 年第 4 期。

116. 王鹏:《收入差距对中国居民主观幸福感的影响分析——基于中国综合社会调查数据的实证研究》,《中国人口科学》2011 年第 3 期。

四、外文文献类

1. A. Campbell, P. E. Converse, and W. L. Rodgers, *The Quality of American Life: Perceptions, Evaluations, and Satisfactions*, New York: Russell Sage Foundation, 1976.

2. B. S. Frey, and A. Stutzer, *Happiness and Economics: How the Economy and Institutions Affect Well-Being*? New Jersey: Princeton University Press, 2002.

3. F. M. Andrews, "Stability and change in levels and structure of well-being: USA 1972 and 1988", *Social Indicators Research*, 1991, 25: 1-30.

4. E. Diener, E. Sandvik, L. Seidlitz, and M. Diener, "The relationship income and subjective well-being: Relative or absolute?", *Social indicators Research*, 1993, 28: 195-223.

5. M. R. Hagerty, "Social comparisons of income in one's community: Evidence from national surveys of income and happiness", ournal of *Personality and Social Psychology*, 2000, 78: 764-771.

6. Clark, Frijters & Shields, "Relative income, happiness and utility", *Journal of Economic Literature*, 2008, 46: 95-144.

7. O. Lelkes, "Tasting Freedom: Happiness, Religion and Economic Transition", *Journal of Economic Behavior and Organization*, 2006, 59: 173-194.

8. C. Graham & S. Pettinato, "Happiness, markets, and democracy: Latin America in comparative perspective", *Jour-*

nal of Happiness Studies, 2001, 2: 237 - 268.

9. C. Graham and S. Pettinato, "Frustrated achievers: Winners, losers and subjective well - being in new market economics", *Journal of Development Studies*, 2002, 38 (4): 100 - 140.

10. Ferrer - i - Carbonell, Ada and Paul Frijters, "How Important Is Methodology for the Estimates of the Determinants of Happiness? " *The Economic Journal*, 2004, 114: 641 - 659.

11. R. A. Cummings, "Personal Income and Subjective Well - being: a Review", *Journal of Happiness Studies*, 2000, (10):133 - 158.

12. Michael McBride, "Relative - Income Effects on Subjective Well - Being in the Cross - section", *Journal of Economic Behavior & Organization*, 2005, 45:251 - 278.

13. W. E. Saris, "What influences subjective well - being in Russia?" *Journal of Happiness Studies*, 2001, 2: 137 - 146.

14. E. F. Luttmer. "Neighbors as negative: Relative earnings and well - being", *Quarterly Journal of Economics*, 2005, 120(3): 963 - 1002.

15. J.Knight, L.Song,and R.Gunatilaka, "Subjective well - being and its determinants in rural China", *China Economic Review*, 2009, 20(4): 635 - 49.

16. P. Frijters, M.Shields, J.Haisken - DeNew, "Money does matter! Evidence from increasing real incomes in East Germany following reunification ", *American Economic*

Review, 2004, 94 (3):730 - 741.

17. R. Easterlin, "Income and happiness: Towards a unified theory", *The Economic Journal*, 2001, 111 (473): 465 - 484.

18. B. S. Frey and A.Stutzer, "What can economists learn from happiness research?" *Journal of Economic Literature*, 2002, 40:402 - 435.

19. E.D. Diener, and S. Oishi, "Money and happiness: Income and subjective well - being across nations", In E. D. Diener and E. M. Suh(eds.), *Culture and Subjective Well - Being*, Cambridge, Mass: MIT Press, 2000.

20. E. D. Diener, "Marissa Diener and Carol Diener. Factors Predicting the Subjective Well - Being of Nations", *Journal of Personality Social Psychology*, 1995, 69(5): 851 - 864.

21. R.Veenhoven, *Happiness In Nations: Subjective Appreciation Of Life In 56 Nations1946 - 1992*, Rotterdam: Erasmus University Press, 1993.

22. A. J. Oswald, "Happiness and Economic Performance", *Economic Journal*, 1997, 107:1815 - 1831.

23. R. A. Easterlin, "Will Raising the Incomes of Increase the Happiness of All?" *Journal of Economic Behavior&Organization*, 1995, 27:35 - 47.

24. David G.Blanchflower, Andrew J. Oswald, "The rising well - being of the young", In D. G. Blanchflower and R. B. Freeman (eds.), *Young employment and joblessness in advanced countries*, Chicago: NBER and Uniwersity of Chicago

Press，2000.

25. Ada Ferrer－i－Carbonell，"Income and well－being：an empirical analysis of the comparison income effect"，*Journal of Public Economics*，2005，89：997－1019.

26. Michael McBride，"Relative－Income Effects on Subjective Well－Being in the Cross－section"，*Journal of Economic Behavior&Organization*，2005，45：251－278.

27. I.Grosfeld & C.Senik(2008)，"The Emerging Aversion to Inequality：Evidence from Poland 1992－2005"，William Davidson Institute Working Paper ，No. 919.

28. B. S. Frey and A. Stutzer，"Measuring preferences by subjective well－being"，*Journal of Institutional and Theoretical Economics*，1999，155：755－788.

29. Ernst Fehr and Klaus M. Schmidt，"Source：The Quarterly Journal of Economics"，1999，114(3)：817－86.

30. D.Kahneman，A.B.Krueger，D.Schkade，N.Schwarz，& A.A.Stone，"Would you be happier if you were richer? A focusing illusion"，*Science*，2006，31：1908 － 1910.

31. Elizabeth Tricomi，Antonio Rangel，Colin F. Camerer and John P. O'Doherty，"Neural Evidence for Inequality－averse Social Preferences"，*Nature*，2010，463：1089－1091.

32. Richard A. Easterlin，"Dose growth improve the human lot? Some empirical evidence"，In P. A. David and M. W. Reder（eds.），*Nations and Households in Economic Growth：Essays in Honor of Moses Abramowitz*，New York：Academic Press，1974.

33. D. Morawetz，"Income Distribution and Self－rated

Happiness: Some Empirical Evidence", *Economic Journal*, 1977, 87(347):511 - 522.

34. J. Schwarze, and M. Harpfer, "Are People Inequality Averse, and Do They Prefer Redistribution by the State? Evidence from German Longitudinal Data on Life Satisfaction", *Economica*, 2005, 72: 375 - 396.

35. U. Ebert, and H. Welsh, "How do Europeans Evaluate Income Distributions? An Assessment based on Happiness Surveys", *Review of Income and Wealth*, 2009, 55(3): 801 - 819.

36. C. Senik, "When Information Dominates Comparison: A Panel Data Analysis Using Russian Subjective Data", *Journal of Public Economics*, 2004, 88:2099 - 2133.

后　记

　　此书稿初成正值新中国 66 周年华诞之际，我沉浸在民生幸福的梦想中，陶醉在《我和我的祖国》的歌声里。

　　民生幸福是人类的永恒追求，也是当代中国的现实课题。在全面建成小康社会历史进程中研究民生幸福建设，对于从事实际工作的我来说是一项挑战。民生幸福涉及面广、影响因素多，是跨学科、跨部门、跨层次的研究，虽然多层次、多岗位、多领域的工作经历，为我的研究累积了素材，提供了方便，但专业理论储备仍显不足，特别是实践不断提出新课题，研究成果的时效性和眼界的局限性是难免的。所幸的是，与时俱进的民生幸福建设，领导师长亲友的关心支持，激励着我排除困难、探索前行。

　　在此，我要表达对很多人的感激之情，他们是长期以来给我关怀的领导、师长、同事、亲友，给予我思想启迪的研究者，给我诸多感动的社会大众。本书参考借鉴了国内外有关专家的研究成果，得到了省有关部门及高校老师专家的悉心指导和无私帮助，恕不一一列名，在此诚挚致谢。是他们，使我逐渐成为了中国梦、民生梦、幸福梦的无悔追梦人！当然我还要感激我的父母妻儿。双亲养育我成人，教育我做好自己、多为大家；妻子一直支持我，让我感受到家和万事兴、勤奋幸福来；犬子译达给了共同成长的机会,期待他珍惜美好年华,立志为国家富强、人民幸福而踏实努力。

天地之大,黎元为先;幸福共享,永无止境。我的研究成果是阶段性的,肯定存在诸多问题和不足,敬请广大读者批评指正。

面对不断发展的民生幸福建设实践,我的研究还将继续进行。祖国是海,我是浪花一朵,我愿作不懈的实践努力和理论探索,分担海的忧愁,分享海的欢乐。

邱志强

2015 年 10 月 6 日

于南京金城花园